ROWOHLT
BERLIN

Mathias Wedel

Einheitsfrust

Rowohlt · Berlin

1.–10. Tausend März 1994
11.–18. Tausend April 1994

Lektorat Thomas Karlauf
Einband- und Umschlaggestaltung Walter Hellmann
unter Verwendung eines Gemäldes von Michael Sowa
Gesetzt aus der Aldus (Linotronic 500)
Gesamtherstellung Clausen & Bosse, Leck
Printed in Germany
ISBN 3 87134 092 8

Inhalt

Als Manfred dreizehn Jahre alt war, ging er zur Hitlerjugend, denn die ließ ihn mit Segelfliegern fliegen.

Nach dem Krieg war er Finanzinspektor und in der SED. Auf einer Versammlung sagte er: von wegen «führende Rolle der Partei» – die Genossen sollen sich ein Beispiel nehmen an den Liberalen, wie aktiv die sind!

Offensichtlich hatte er die Bündnisfrage mißverstanden.

Deshalb schleppte er dann unter Tage im Uranbergbau Hunde. Aus Trotz trat er der CDU bei. Aber über Tage schien Sonne und ging Wind, und er wollte nicht immerzu Hunde ziehen da unten. Da trat er wieder der SED bei.

Sonntag abends machte er sich kleine Notizen, was er in der Parteiversammlung am Montag sagen wollte. Es sollte kritisch sein, sicherlich, aber auf keinen Fall so ungeschickt wie damals.

Als es seine Partei nicht mehr gab, sagte er manchmal über den anderen Staat, der ihm jetzt die Rente zumaß: Ich verhalte mich loyal. Das machte mich wütend.

Ich hatte ihn gern, er war ja mein Vater.

Stellungnahme des Genossen Mathias Wedel zum Parteiverfahren gegen ihn im Juni 1989:

«Durch meine öffentlichen Äußerungen über den Genossen Generalsekretär unserer Partei habe ich objektiv unsere Partei herabgewürdigt. Die Anspielung auf sein hohes Alter sollte keineswegs zum Ausdruck bringen, daß er seinen Führungsaufgaben nicht mehr gewachsen sei. Vielmehr wollte ich auf seine unschätzbaren Erfahrungen verweisen. Ich werde mich bemühen, künftig keine Mißverständnisse über meine parteiliche Haltung mehr aufkommen zu lassen und überhaupt auf Anspielungen zu verzichten.»

Wenn aus dem Kommunismus vorderhand nichts wird, dachte ich nach der Wende, werde ich eben reich. Ich verkleidete mich und bewarb mich bei einem Sender um eine Stelle für Westgeld.

Angewidert musterte der Personalchef meinen Anzug, sprach mich ständig mit falschem Namen an und fragte, ob ich in der SED gewesen sei. Ich wollte erklären, da schnitt er mir das Wort ab: «Schon gut, sagen Sie lieber nichts!»

Wieder auf der Straße, hatte ich einen solchen Haß. Auf den Kommunismus.

Das Vaterland ist in Gefahr

Seit dem 3. Oktober 1990 hat sich der Bundesbürger (alt) an zivilisatorische Verluste zu gewöhnen. Ein Typ Mensch führt mehr und mehr das öffentliche Wort, der bis dahin in den Grenzen der deutschen Nachkriegsordnung wohl verwahrt gewesen war.

Für jede nationalistische Phrase zu begeistern, devot gegenüber eingebildeten Autoritäten, hysterisch bei der kleinsten Verunsicherung durch einen neuen Gedanken und gewalttätig gegen Fremde und Schwache – in diesem verwahrlosten Zustand schleimt er sich in die Verbände, Institutionen, Parteien, vor die Mikrofone und Kameras.

Wo er sich als Politiker nach vorn drängelt, kommt Schlimmes auf die bequemen Westdeutschen zu: die Arroganz des Ostberliner Kellners, der Zynismus des Kontrolloffiziers am Übergang Dreilinden, die Dreistigkeit der *lieben Verwandten* beim Erpressen von Geschenkpaketen, die Gefolgschaftstreue von Funktionären der Blockflötenparteien.

Kann denn eine Population so viele niedrige Eigenschaften auf sich vereinen? Objekt dieser fürsorglichen Betrachtungen sollen hier nicht *die Ostler* schlechthin sein. Das waren (und sind) Leute, die – wie immer und überall – mal mehr, mal weniger Zivilcourage bewiesen, die sich in die herrschenden Verhältnisse bequemten oder die Hoffnung an sie banden, ihnen möge der Aberwitz gelingen, die Utopie einer freien und gerechten Gemeinschaft irgendwann einmal Wirklichkeit werden zu lassen. Die Menschen, die in jenem Landstrich siedelten, der 1949 Arbeiter-und-Bauern-Staat und 1990 Bundesrepublik wurde, lebten einfach nur da, machten Kinder, starben, guckten jedesmal verwundert zu, wenn die Systeme wechselten. Manche von ihnen wollten die Welt retten mit freiwilligen Aufbaueinsätzen und Soliaktionen für fernab kämpfende Völker. Andere traten Parteien bei oder fanden sich anderweitig als Massen organisiert. Viele aber hielten sich raus und ruhig.

Opportunismus entzieht sich der moralischen Bewertung. Er ist in jeder Gesellschaft das normale Verhalten, gutes Menschenrecht. Selbst die, die heute von sich den Eindruck erwecken, sie seien als Widerstandskämpfer gegen die SED auf die Welt gekommen, haben sich klugerweise oft opportun, ja opportunistisch verhalten und wie die anderen um Vorteile geschachert (öfter, als einer Heldenbiographie gut steht). Nicht einmal *die Geschichte*, die doch sonst zu allem zu gebrauchen ist, wird ein Urteil über den stillen, leidenschaftslosen Opportunismus fällen.

Die Gesellschaft der Bundesrepublik (alt) wurde vierzig Jahre lang in ähnlicher Weise vom alltäglichen Opportunismus zusammengehalten wie die DDR-Gesellschaft. Als Ende der sechziger Jahre studentische Minderheiten den Opportunismus der Kriegsteilnehmergeneration als gesellschaftlichen Konsens in Frage stellten, reagierte die Mehrheit so, wie ein Gemeinwesen reagiert, dem die natürlichen Lebensgrundlagen entzogen werden sollen. Der selbstverständliche politische Opportunismus ist eine zivilisatorische Errungenschaft. Ein Staatswesen, in dem man ohne Zivilcourage nicht überleben kann, ist selber nicht überlebensfähig.

Den geduldigen, nur hin und wieder folgenlos aufgeregten DDR-Bürgern, die von sich heute sagen können, sie haben das Mögliche ertragen und das Unmögliche nicht versucht, will dieser Text nicht nachrufen. Das mag Pfarrer Eppelmann mit seiner vom Bundestag bestallten Jury übernehmen. Die Ostdeutschen, «die einfach da gelebt haben» und sich nicht jeden Tag die Frage vorlegen mochten, ob sie das auch gerne taten, sind heute ohnehin übel dran. Zuvörderst leiden sie nicht an ihrer sozialen, sondern an ihrer moralischen Deklassierung durch die neuen Besatzer, aus deren Glück, dem Zerfall der DDR, «im Handumdrehen ein Verdienst geworden (ist), und aus dem Pech der anderen ein Makel» (Jurek Becker).

Andere aber waren dicke da und sind dicke da. Die muß man sich genauer besehen, will man sie sich – ob als Ostler oder Westler – vom Leibe halten. Gedeckt durch die Lethargie der Mehrheiten, setzen sie berechnend und, wenn es sein muß, rabiat das aggressiv-konservative Meinungsklima durch, das die sozialistische Republik der Kleinbürger prägte – provinziell, nationalistisch, ausgestattet mit den Werten Tüchtigkeit, Sparsamkeit und Unterordnung unter staatliche Autoritäten. In der schiefen Metaphorik der Boulevardpresse werden diese Ostler gern als *alte Seilschaften* geoutet; dahinter steckt lediglich die banale Vorstellung mafiotischen Geschäftsgebarens. Viel mehr aber drücken diese Leute auf die politische Kultur, die öffentliche und die veröffentlichte Meinung der Republik.

Ihr Lebensraum ist die Anonymität der Masse. Ihr Kraftquell ist die diffuse Solidarität der Zukurzgekommenen, ihr Mythos die *Geborgenheit*, das heißt die gegenseitige politische und soziale Sicherung.

Das hervorstechende Merkmal dieses Menschenschlags, dem die Banane immer zu kurz ist, ist seine Weinerlichkeit. Sie liegt wie ein Grauschleier über der öffentlichen Meinung der Bundesrepublik. Zugleich bieten sich diese Leute als schreihälsige Einforderer von *mehr Staat* an und unterlaufen, wo sie im Westen untergekommen sind, die Reste von Arbeitnehmersolidarität. Überall verbreiten sie als *Kulturschaffende* ihre volksdümmlichen Neckischkeiten – kein Stadtteilfest im Ruhrgebiet ist mehr vor ihnen sicher. Oder sie legen Feuer an Asylantenheime. Mit ihnen kommt die sozialistische Menschengemeinschaft über die BRD, die Idylle der Willfährigen, ausgerüstet mit faschistoiden Bürgerwehren, erheitert von der hausbackenen Kultur der landestypischen Estraden und voller folgsamer Rechtswähler.

Diese besonders aktiven Opportunisten, die notorischen ostdeutschen Einheitsgewinnler, haben sich längst einen Platz in der Geschichte des wiedervereinigten Deutschland erobert. Sie sind das Element der Kontinuität zwischen den beiden Systemen, das Element der zynischen Kollaboration mit jeglicher Macht. Ihre Bedeutung für das gesellschaftliche Klima der um das Anschlußgebiet vergrößerten BRD ist so überragend, daß sie sich eine repräsentative Abkürzung verdient haben. Sie seien von nun an – und in diesem Buch – die

«OM», jener Phänotyp ostdeutscher Mitläufer, der sich von den schafsgeduldigen oder nur einfach desinteressierten Mitbürgern ebenso unterscheidet wie von jenen Zeitgenossen, die sozialistische Ideale bis zur Selbstaufgabe und Selbstaufopferung zu verwirklichen suchten und dafür oft genug andere aufgegeben und geopfert haben.

In ihrer aggressiven Strategie können sich die OMs heute wieder aufs ganze «Volk» berufen: 84 Prozent der Erwachsenen in der abgelebten DDR vermischen den Zorn über ihre aktuelle soziale Situation und die Trauer um beschädigte Biographien mit der nostalgischen Flucht aus ihrem von Ängsten besetzten Alltag und bezeichnen sich heute wieder – obwohl sie natürlich hier und da kritisch waren – «im großen und ganzen als Befürworter des alten Systems» – eine Generalabsolution für den realen Sozialismus.

Das vereinte Deutschland ist nicht die Summe seiner ungleichen Teile. Zu den auch geistig seit langem verfetteten, entpolitisierten Kleinbürgern des Westens kommen die entideologisierten, aber hochpolitisierten OMs nicht einfach hinzu. Sie schicken sich an, diese Republik nach ihrem Bilde zu verändern. Die Ossifizierung der Bundesrepublik hat begonnen.

Noch wiegen sich die Westdeutschen in Sicherheit, verursacht ihnen die Nähe dieser Leute nur Allergien, nicht Panik. Eines Tages werden sie fragen: Ja, was hätten wir denn mit ihnen machen sollen? Erschießen etwa? Dann käme das Buch freilich zu spät.

Wie sie wurden, was sie waren

Ein Mitläufer ist ein Mitläufer ist ein Mitläufer. Da waren es schon drei. Ein Kollektiv, eine Parteigruppe. Die Mitläuferschaft aus dem deutschen Osten darf nicht länger als die nach Adolfs Volksgemeinschaft schlechtere deutsche Mitläuferschaft diskriminiert werden. Nur abgefeimte westliche Arroganz läßt nichts unversucht, ihre unikate Mitläufigkeit mit tremolotischen Bekenntnissen zu schmälern: «Ich weiß nicht», so Helmut Kohl, «wie ich mich im SED-Regime verhalten hätte, ob ich mich nicht auch angepaßt hätte.» Damit würde man den OMs alles nehmen, was sie sich in vierzig Jahren aufgebaut haben: ihre kurze nationalheldische Geschichte am Ende des achten Jahrzehnts, ihr Talent zur blitzschnellen Anpassung bei Erahnung kleinster politisch-klimatischer Veränderungen, ihre Fähigkeit zur Verdrängung, ihre Begabung im Kopfrechnen – ob in Ostmark, Tauschwert oder Westpfennig –, ihre Leidenschaft, die jeweils herrschenden Verhältnisse auf ihren kleinsten gemeinsamen Vorteil zu bringen, ihr Selbstverständnis, daß «bei uns nicht alles schlecht war», ihren kühnen Gesellschaftsansatz, aus der alten verluderten, verweichlichten, verlotterten, versorgten und unziemlich bunten BRD einen schneidigen Laden zu machen, dessen Mitläuferschaft sich wieder sehen lassen können soll. In einem Wort: Man nähme ihnen ihre Identität, ihre verspießerte lumpenproletarische Einmaligkeit.

Die OMs sind übergelaufen. Als der Deckel unvorsichtigerweise angehoben wurde, haben sie nicht mehr an sich halten können. Eine vor Neid zivilisationsfeindlich transpirierende Masse kriecht seither durch die lieblichen Auen an Rhein, Main und Neckar, staut sich auf den Einkaufsboulevards, ist von den Lokalitäten der Seligkeit, wo sie das Begrüßungsgeld empfing, nicht mehr wegzubringen. In Bewegung gehalten wird sie von der Angst, zu spät zur Stelle zu sein, wenn es irgendwo was umsonst gibt: Ob die CDU Aufkleber verteilt, der Berliner Senat Olympialuftballons verschenkt, die Aids-Hilfe Kondome anbietet oder man im Supermarkt eine Weinsorte im Fingerhutbecher probieren darf.

Man erkennt sie heute nicht mehr an ihren Nylonbeuteln und erdgrauen Kapuzenmänteln, an den mitgebrachten Frühstücksstullen und ihren kranken Zähnen. Auch ihr leutseliges Mitteilungsbedürfnis, versetzt mit resignativen Fertigstücken wie «ja, ja, so isses ähm» oder «was soll man denn dazu noch sagen», halten sie inzwischen in Zaum. Aber noch immer stellen sie sich überall an, fragen, wer denn hier der letzte war, noch immer schicken sie ihre Kinder vor, zu schauen, ob der Vorrat reicht, verlangen vorsichtshalber immer die doppelte Anzahl (zumeist mit dem mitleidheischenden Hinweis, man komme aus dem Osten), fragen, ob man auch wieder zurücktauschen kann, und bedanken sich bei jeder Gelegenheit so überschwenglich, als habe man ihnen das Leben gerettet.

Es gibt schön schillernde Exemplare unter ihnen, Überläufer, die «es» geschafft haben, würdige Repräsentanten der Gattung. Das sind *Unsere Besten*, die *Aktivisten der Ersten Stunde*: der NVA-Offizier, der seinen Genossen so erfolgreich denunziert hat, daß er sich einen Platz in der Bundeswehr sichern konnte; der Deutschlehrer, der findet, «daß man Brecht immer noch lesen kann, obwohl ich jetzt erfahren habe, daß er Jude ist»; der DFF-Fernsehredakteur, der Pluralismus mit der DDR-Unterhaltungsformel «für jeden etwas» übersetzt; die Super-Ossis Günter Krause und tränendes Herzchen Angela Merkel, Ärmelschoner-Minister Ortleb, Heinz Eggert, dem «die Revolution das Leben gerettet» und den sie anschließend ins sächsische Innenministerium befördert hat, Rainer Eppelmann – das Standbild des unbekannten Widerstandskämpfers – oder Manfred Stolpe: Sie alle machen dem verzagten Ostler Mut.

Mit ihrer Person beweisen sie: Man kann ein überaus erfolgreicher Mitläufer gewesen sein und es trotzdem bleiben. Ja, mehr noch, ohne sie wäre dieses Deutschland ärmer an sublimiertem Mitläufertum, an Devotheit, Feigheit und Verschlagenheit. Ohne sie wäre das in ihren Augen Schlimmste eingetreten, was Europa nach der Vereinigung der beiden deutschen Staaten hätte passieren können: Die Bundesrepublik wäre die alte geblieben.

So aber ist es nicht gekommen. Da sind sie immer noch, wie Rotz am Ärmel, die mehr oder weniger stummen Parteigänger des seit Bismarck in Deutschland mehrheitsfähigen Ordnungssinns, Einpeitscher der Opportunität, Leute mit national gesinnter Gänsehaut und dem natürlichen Ekel vor dem Fremden, mit der einseitig entwickelten Libido zum starken Staat, fleißige Kleinsparer auf ein besseres Morgen, fidele Denunzianten der Falschparker und Falschdenker, Männer und Frauen, denen die Lynchhand locker sitzt. Die Vereinigung mit den ihnen Gleichgesinnten im Westen hat ihnen gutgetan.

Die OMs mußten keine Wendehälse sein. Die Regierungen kommen und gehen, aber die Mitläuferschaft bleibt. Nirgendwo hat sie ein so gesichertes Selbstverständnis von sich und ihren terroristischen Möglichkeiten wie in Ostdeutschland. Nirgendwo ist sie so gut organisiert wie hier unter dem Qualitätsnamen *Wir Ostler*. Nirgendwo funktioniert das Zeichensystem dieser Spezies so perfekt. Nirgendwo weiß sie heute schon Feuer und Mord, Rufmord und erpresserische Verweigerung, stetes Jammern und Klagen so sicher für den Terror gegen Andersdenkende oder einfach Gleichgültige zu nutzen wie im Osten. Die OMs schicken sich an, die alte Bundesrepublik zu verändern. Ihr steht Schlimmes bevor.

Dem vorausgegangen war die Selbstentdeckung als völkische Gemeinschaft. Als die Massen Bierbüchsen schwenkend, Deutschlandfahnen um die biergasigen Leiber gebunden, den Leipziger Ring langlatschten, «Wir sind ein Volk» auf den zerzausten Lippen, wurde dies weithin als Merkmal eruptiver Vitalität und feiner Sozialisation fehldiagnostiziert. Wenn ein einzelner so durch die Stadt gepest wäre, man hätte ihn barmherzig weggefangen. Im Kollektiv wirkt das Blöde ganz anders. Spätestens jetzt hätte man sich in Deutschland erinnern müssen, daß es hierzulande ungemütlich zu werden verspricht, wenn Bevölkerung zum Volk mutiert. Da ist die

Drohung unmißverständlich: Jetzt müßt ihr werden wie wir! Ein Volk, ein Reich!

Nicht als einzelne dieser oder jener politischen Neigung, nicht als Citoyens gaben sie Laut, sondern als Kollektiv. Das sozialistische *Wir* hatte ganz von ihnen Besitz ergriffen. Das *Volk der Deutschen Demokratischen Republik* schmetterte dem größeren Rest ein «Deutschland, erwache!» entgegen. «Nie geraten die Deutschen so außer sich, wie wenn sie zu sich kommen wollen», sagt Tucholsky, und so war es diesmal auch: «Wir sind ein Volk» stand nicht als Angebot, als Einladung zu fröhlicher föderaler Gemeinschaft der Deutschen am versifften Himmel der Heldenstadt, sondern als Ruf nach dem zentralistischen Obrigkeitsstaat, als Vergatterung der schlummernden Westdeutschen, die am Fernsehen ein paar Rührungstränen verdrückten, wenn sie nicht gerade in einer Selbsthilfegruppe bei Stillem Wasser über die Versagensängste der Männer beim Menstruieren plauderten. «Kommt die D-Mark, bleiben wir, kommt sie nicht, gehn wir zu ihr!» Dabei ist es geblieben: Sie sind auf ihrem langen Marsch durch die Institutionen der Republik, ihr Ziel, die Wiedervereinigung, ist noch lange nicht erreicht. Auf die *Vorzüge und Errungenschaften unserer Deutschen Demokratischen Republik* lassen sie bis heute nichts kommen, und ihre Lieblingslosung ist: Deutschland kann nach der Vereinigung mit der DDR nicht das alte bleiben, wir haben doch auch «etwas» einzubringen.

Gut. Aber was? Wohin wollen die dumpfsinnigen Datschenbauer des Sozialismus das große Deutschland verändern? Dahin, wo sie herkommen. Dahin, wo sie sich wohl und warm und satt befunden haben. «Geborgen» sagen sie dazu und erinnern sich an einen solide abgezäunten, fast paradiesischen Flecken, wo man vor dem Fremden, dem anderen, geschützt war und wo alles geteilt wurde, vor allem der Mangel.

Und doch waren sie alle Opfer, weil es geschickter ist – gewitzt sind sie ja, die Kerlchen –, in den Augen der westdeutschen Mitläufer heute nicht als Gegner von einst zu gelten.

Deshalb regt sich auch kaum Widerspruch, wenn die DDR als Nachfolgeeinrichtung des Dritten Reiches abgehakt wird. Am liebsten hat es die Mitläuferschaft der DDR, wenn man ihr Brief und Siegel drauf gibt (am besten von der Eppelmann-Kommission), daß sie in einer Diktatur gelebt hat, wo sich das Mitlaufen von selbst verstand. Solche Vergleiche lieben sie, wie den von Heiner Geißler: «Nach einer bestimmten Schamfrist müssen auch ehemalige Kommunisten die Chance zur Mitarbeit in demokratischen Parteien bekommen, genau wie früher Pgs in den fünfziger Jahren.»

Dafür ist man sogar bereit, sich in Maßen zu schämen. Schämen macht schön: Das Scham- und Schuldritual in Deutschland – so Max Horkheimer – diente nach 1945 dazu, untergründig die verlorene Volksgemeinschaft wiederherzustellen. Und heute? Wir schämen uns ja sooo – *wir sind das Volk!*

«Wie es zum Selbstbild der bundesrepublikanischen Gesellschaft gehört, die Deutschen seien das erste Opfer Hitlers und die Nachkriegsgesellschaft eine Vereinigung von Hinterbliebenen gewesen, so präsentierte sich die Bevölkerung der DDR vom untersten Volkspolizisten bis zum höchsten Parteifunktionär allesamt als von ein paar Schurken betrogene Idealisten. Mit diesen Auskünften war auch dem letzten Zweifler im Westen klar, nicht, daß hier jemand seine sofortige Entmündigung verlangte, sondern, daß es sich bei dem Mob, der nun zur Parole ‹Deutschland einig Vaterland› überging, tatsächlich um die eigenen Brüder und Schwestern handeln mußte. Und gerade dieser Nähe wegen werden sie sich... künftig nicht ausstehen können» (Eike Geisel).

Wenn der ostdeutschen Mitläuferschaft der Satz zugerufen wird: «Sechzig Jahre Diktatur und Unterdrückung haben nun ein Ende», werden ihr nicht nur die Augen feucht. Wie das von allen Agenturen verbreitete Bild des hitlergrüßenden Rostockers beweist, werden es auch die Jogginghosen – «Deutschland, nun freue dich!» Gern läßt sie sich jener anderen Mitläuferschaft zurechnen, auf deren Aufmarschgelände Millionen Tote zurückgeblieben sind, wenn nur die Absolution ebenso rasch erfolgt, wie sie seinerzeit den Nazi-Mitläufern gewährt wurde. So effizient, wie die Westdeutschen die Mitläufer des Faschismus *abgearbeitet* haben, werden sie wohl auch das bißchen DDR-Fußvolk unter den Schlagwörtern «blind» (ach, was waren wir gutgläubig), «Diktatur» (man konnte ja nicht den Mund aufmachen), «Repressionsapparat» (es ging ja gleich ab nach Bautzen) im deutschen Register unterbringen. Motto: Jetzt ist es schon zweimal passiert.

Das deutsche demokratische Mitläufertum hat weniger Unheil angerichtet und weniger Schrecken in der Welt verbreitet als die mitlaufende Vätergeneration, die es bis ans Nordkap geschafft hat. Aber sie kann zweierlei nicht für sich in Anspruch nehmen, was den Mitläufern Adolf Hitlers von der Geschichtsschreibung beider deutscher Staaten bereitwillig attestiert worden ist: Naivität und Verführbarkeit.

«Man soll nicht vergessen», schrieb Thomas Mann 1944, «daß zum Beispiel der Nationalsozialismus eine funkensprühende Revolution, eine deutsche Volksbewegung mit einer ungeheuren seelischen Investierung von Glauben und Begeisterung war.» Nichts davon haben die OMs in den Sozialismus investiert. Von den Aufbruchsjahren aus der Notgemeinschaft abgesehen, diesem «fort mit den Trümmern und was Neues hingebaut», beherrschte Zynismus diese Leute, und mit ihrem Zynismus beherrschten sie schließlich das Land.

Bei der Anbiederei an die Staatsmacht waren sie phantasievoll und durch nichts, vor allem nicht durch Selbstachtung, zu bremsen. Doch all dem, was Kommunisten ihre Ideale nannten, begegneten sie mit Ignoranz. Je weiter sich Staat und Gesellschaft mit Beginn der fünfziger Jahre (mit der Schaffung der stalinistischen *Partei neuen Typs*) von diesen Idealen entfernten, desto kräftiger sahen sich die OMs in ihrer Lebenshaltung bestätigt: Mit Kommunisten hat man leichtes Spiel, denn die glauben an den «neuen», an den «guten» Menschen (paradoxerweise gerade die, die durch KZ und Gestapokeller gegangen waren).

Im Unterschied zur Mitläuferschaft des Dritten Reiches, die fanatisiert, verblendet und mit Haß erfüllt war, war die Mitläuferschaft der DDR nüchtern und illusionslos. Sie hatte keinen Führer nötig. Sie war hoch politisiert. Angst hatte sie vor nichts und niemandem – sie war der Souverän. Man mußte ihr nicht mit KZ drohen, um sie glücklich zu machen. Sie durchschaute nicht nur alles, was ihre Regierung trieb – sie war ihrer Regierung immer ein kleines Stück voraus.

«Vierzig Jahre haben wir nicht gelebt!» hat eine hysterische Dresdnerin dem Kanzler zugerufen, als der im Dezember 1989 wie Phönix aus der Asche den Ruinen der Frauenkirche entstieg, einen verschüchterten Hans Modrow als Schleppenträger an seiner Seite. Auf dem Cover einer Schallplatte mit Kohl-Reden, die die CDU zwecks Wahlwerbung unter die Leute schmiß, sieht man diese Dame, wie sie sich verzückt über den Panzerstahl des Kanzlermercedes schmeißt, Körperkontakt mit der Zukunft erheischend. Ihren Satz hörte man fortan stets, wo die Ostler frech Platz und freien Eintritt forderten. Sie machen sich nicht einmal die Mühe, ihn sprachlich zu variieren (und könnten das auch nicht). Ein klarer, kalter Hinweis, daß das Mitläufertum die undankbarste aller weltgeschichtlichen Rollen ist, muß reichen, um Nachsicht und jene Fürsorge einzufordern, die man einem Pflegefall schuldet. Mit diesem Satz hat in der Heldenstadt Leipzig am Tage nach der Währungsunion eine Frau einem als Westler identifizierten Kunden in der Kassenschlange die Bananen aus dem Korb genommen. Mit diesem Satz verlangte Entertainer Emmerlich namens seines ostelbischen Publikums, daß fortan die Schließmuskeln der Mächtigen bis hinauf zum Bundespräsidenten für Karrierebewußte aus dem Osten weit offenstehen. Mit diesem Satz rufen die Kinder der Planwirtschaft nach dem starken Mann in der deutschen Politik. Mit diesem Satz ergattert man im Flugzeug nach Mallorca noch heute einen Fensterplatz.

Wenn von Lügen der Wiedervereinigung die Rede ist, dann darf nicht allein Kohls «Keinem wird es schlechter gehen», dann müssen auch Lüge und Selbstbetrug der ostdeutschen Mitläuferschaft genannt werden. In vierzig Jahren Selbstbetrug zum eigenen Besten haben sie alles abgegriffen, was der Sozialismus aufbot, um die Leute bei Laune und bei der Stange zu halten – vergebens, wie man heute weiß. In freien Wahlen und Volksentscheiden haben sich die OMs Dutzende Male für das System entschieden, und zwar regelmäßig mit überwältigender Mehrheit, auch wenn der Staat die letzten drei bis fünf Prozent selber aufgefüllt haben mag. Statt den Urnen der *Nationalen Front* fernzubleiben, putzte man die Kinderchen heraus zum Singen vor dem Wahllokal und ging in heiterer Demut falten.

Unter all den «Opfern», die heute ihre Leidensgeschichte unter die Leute streuen, ist wohl nicht einer, der das Risiko beziffern könnte, das es bedeutet hätte, am Wahlsonntag zu Hause zu bleiben. *Ganz bestimmte Nachteile* habe man dann in Kauf nehmen müssen, heißt es. *Vierzig Jahre nicht gelebt* – was gab es da noch zu verlieren?

Im Gegenteil: Die Ankündigung gegenüber dem Parteisekretär, man werde der bevorstehenden Wahl fernbleiben, galt unter OMs als probates Mittel der Erpressung kleinerer und größerer Vorteile. Der Staat setzte sich in Bewegung, um rauszukriegen, welchen Wunsch man dem *Verweigerer* erfüllen müßte, damit es ihm im Sozialismus wieder wohlgefiel. Ein undichtes Dach konnte man sich so bis zum Wahlsonntag flicken lassen, einen Wohnungstausch vollziehen, zu Verwandten in den Westen reisen.

Man konnte getrost auch mit Nein stimmen. Dann war das «Risiko» noch kleiner (das Anwesenheitshäkchen in der Wählerliste war ja gemacht). Haben 0,5 oder 0,05 Prozent der Wähler mit nein gestimmt? Oder hat der Staat noch eine Null nach dem Komma dazwischengeschoben? Vielleicht wurden ja auch umgekehrt ein paar Ja-Stimmen in Gegenstimmen gefälscht, damit es nicht ganz so peinlich war. Es herrschte ein ungeheurer Erwartungsdruck, daß alles in der Ordnung blieb. Die OMs selber wollten diese Ordnung – bis zuletzt, bis zu den Kommunalwahlen 1989.

Ruhe ist die erste Bürgerpflicht, verkündete einst der preußische König nach der Niederlage von Jena und Auerstedt, und der Sozialismus, mit dem die Republik zu Ende ging, hielt sich dran. Er war für OMs optimal. Die öffentliche Verwaltung des Mangels weckte bei den Mitläufern sportiven Geist und bot in dem ständigen Wechselspiel «Ich habe was, was du nicht hast – was gibst du mir dafür?» einen nie versiegenden Quell der Beschäftigung und – der Befriedigung. Dieser Sozialismus verlangte nicht den Prometheus aus den Schulbüchern, er pfiff auf die *allseitig gebildete Persönlichkeit*, den faustischen Menschentyp, den Berserker der ersten Fünfjahrpläne, der ganze Landstriche trockenlegte und das eingesammelte Wasser zu den Kraftwerksturbinen trug. Nein, *dieser* Sozialismus verlangte keine Beteiligung, keine übermenschliche und keine menschliche.

Auch der Gorbatschowismus der späten achtziger Jahre ging der Mitläuferschaft – mit Verlaub – am Arsch vorbei. Der war etwas fürs intellektuelle Räsonnement und für Variantenspiele von Ironikern innerhalb der SED. Heute brabbeln exponierte OMs, wenn sie sich erklären sollen, warum sie so lange Spaß an der DDR gehabt haben, Gorbatschow hätte in ihnen «neue Hoffnung auf einen menschlicheren Sozialismus» geweckt. Das ist Geschwätz unter Legitimationsdruck. In Wahrheit sahen sie sich durch die Perestroika in der UdSSR in ihrer Gschaftlhuberei – «Eine Hand wäscht die andere», die eigentliche Losung der letzten Fünfjahrpläne – weder gestört noch ermutigt. Gefragt war zum Schluß nur noch der Beschaffer, der Organisierer, der Blender, der es vermochte, ein Scheunentor als einen Mikrochip zu verkaufen.

Es ist die pure Heuchelei, wenn die OMs heute klagen, alles sei nun so leer, nur noch der kleine Vorteil, das so beliebte Schnäppchen, halte sie am Laufen, nur der eilig zusammengeramschte Besitz zeichne noch aus. Nichts anderes haben sie in der DDR getrieben, und durch nichts anderes haben sie sich voreinander ausgezeichnet: Ramsch, Status-Trödel. Die Datschen, Grundstücke und Garagen waren die Trutzburgen des Ramsches, die Arbeits- und Freizeitkollektive die Biotope, in denen die kleine Beschaffungskriminalität ihre Blüten trieb. Bescheißen in anständigen Maßen, sich den Wanst füllen und die Birne begießen, wo immer was übrigblieb – das haben die *bei uns* in der DDR gelernt. Heute stehen sie an «Rudi's Schlemmerecke» und räsonieren über das neue Deutschland.

Sie sind auf das neue Deutschland bestens vorbereitet.

Dennoch klagen sie, es drehe sich alles nur noch um die D-Mark, das bare, nackte Kapitalverhältnis habe Wärme und Solidarität aus der Welt der Ostdeutschen verbannt. Freilich, um die Ost-Mark hat sich nichts gedreht. Man mußte sich mit dem Austausch von Äquivalenten behelfen – 1 Stück Trabant gegen soundsoviel Stück Hohlblocksteine, 1 Stück Autoanmeldung, neun Jahre alt, gegen Wassergrundstück oder eine Wagenladung Kupferrohre. Die D-Mark war schon damals die Leitwährung. Sie hatte allerdings ein viel höheres Prestige als heute. Die OMs hatten gelernt, den Mangel an alltäglichen Gebrauchsgütern – Badeöfen und Badewannen, Auspuffen und Wohnungen – in Westmark zu verrechnen. Jeder, der eine begehrte Ware im Annoncenteil zum Tausch oder Verkauf ausgeschrieben hatte, erwartete ein *Entgegenkommen* in D-Mark. In den Zeitungen wurden offen «blaue Fliesen» – Hundertmarkscheine – gehandelt, und jeder wußte Bescheid. Zum Schluß regelte die *zweite Währung* in der Mitläuferschaft fast alles, einschließlich der Liebe, sofern sie käuflich war. Die Solidarität und Herzenswärme, der die Opfer jetzt hinterherheulen, waren nichts anderes als *Beziehungen*, ausgedehnte Freundeskreise beschäftigten sich ausschließlich mit gegenseitigem Versorgen. Intellektuelle, die im Westen nichts verkaufen, kleine Angestellte, die nichts verschieben konnten, Parteifunktionäre, die nur ihre Ideale hatten, Offiziere, Polizisten, die an nichts rankamen, wurden brutal aus den Freundeskreisen der Mitläuferschaft ausgegrenzt. Die Solidarität war schon in jeder Schlange vor einer Gemüseverkaufsstelle zu Ende. Wenn es aus heiterem Himmel Erdbeeren tröpfelte, herrschte der Krieg der Hausfrauen.

Keiner der sechzig Millionen Westdeutschen hat ein solch inniges, libidinöses Verhältnis zur *deutschen Währung* wie Ostdeutsche. Und wie man die Hingabe einer Geliebten erpressen, erbetteln, erschleichen kann, so haben sie gelernt, ans Geld zu kommen. Da gibt es keinerlei Gefühlsstau. Der OM wird noch manchen Westdeutschen, der sich für einen Hai der Geldbeschaffung hält, erblassen lassen.

Ein Blick auf die Entwicklung der Sparquote im Osten (sie lag trotz grassierender Armut und Arbeitslosigkeit 1992 genau wie im Westen bei 12 Prozent) zeigt, wie sie an der D-Mark klammern – als sei ihnen vom Hausarzt eine tägliche Dosis verordnet. Die Ankündigung, im Zuge der europäischen Integration werde den Deutschen eines Tages die Mark genommen und durch ein Zahlungsmittel ersetzt, das dann auch Italiener, Dänen und irgendwann womöglich sogar Polen in der Tasche haben, macht für viele den Aufwand vom Herbst 1989 mit einem Schlag zunichte. Der Sinn des Lebens, die D-Mark, wurde durch die Wende entwertet. Westgeld zu haben ist nicht mehr extraordinär.

Die OMs waren dank des gut funktionierenden Geflechts zur Beschaffung von Mangelwaren die eigentlich herrschende Kaste der DDR. Sie hielten und päppelten das System. Eine Lausitzer Bäuerin, die das Edelgemüse Spargel in den gesellschaftlichen Verkehr einbringen konnte, ein Legastheniker in Jüterbog, der an Lada-Reifen herankam, ein Außenhändler, der Volvo-Ersatzteile hortete, eine unscheinbare Angestellte in Berlin-Friedrichshain, die Neubauwohnungen verschob, hatten mehr Macht als ein Minister. Ohne sie wäre die Honeckersche Kleinbürgerpolitik des *Alles zum Wohle des Volkes* zum Scheitern verurteilt gewesen, und die Regierung revanchierte sich; von der Fernsehunterhaltung bis zu den FDGB-Traumschiffreisen war alles darauf gerichtet, die Organisierer und Beschaffer fidel zu halten. Sie erzeugten die öffentliche Idiosynkrasie gegen jede Intellektualität.

«Der Sozialismus muß mit dem Volk und nicht dagegen gemacht werden», begründete Wolfgang Thierse noch am 10. November 1989 die komische Konterrevolution. Wenn es nach dem «Volk» gegangen wäre (eine weitverbreitete romantische Vorstellung), hätte es den Herbst 89 gar nicht geben müssen: Das «Volk» hatte die Macht – das Schlimmste, was einem Gemeinwesen passieren kann.

Dann war es plötzlich *Opfer*, und man sah es nicht ohne Schadenfreude. Indem es mit seiner sogenannten Revolution die Westmark herbeiputschte und die Regierung Kohl zur unablässigen Zahlung erpreßte, hatte sich das DDR-Kleinbürgertum selbst entmachtet. Und zwar so gründlich, daß es vorerst nicht einmal mehr im Osten die Regierungen stellen konnte. Inzwischen arbeiten die OMs emsig an Revanche. Ursprünglich aber dachten wohl viele der kleinen Emporkömmlinge, sie bekämen einen *noch* besseren Sozialismus, und der gute Hans Modrow setzte ihrem «Cordhütchensozialismus» (Wiglaf Droste) noch eine bunte Feder auf. Wenn die Raffkes nur eine Sekunde zu heucheln aufhörten, müßten sie bekennen: Nicht *daß sich heute nur noch alles ums Geld dreht*, ist ihr Problem, sondern daß selbst Sozialhilfeempfänger und Asylanten in D-Mark ausgezahlt werden, macht sie bleich und wutkrank.

Günter Gaus hat sich über mehrere Bücher hinweg mit seiner Entdeckung gespreizt, der Staat DDR habe seinen Bürgern die quälende Anstrengung von Lippenbekenntnissen abgefordert. Das sei der Preis gewesen, den sie für das «Privileg der kleinen Leute», für ihre Nischenexistenz hätten zahlen müssen. Das ist, wenn man es auf die Mitläuferschaft des DDR-Sozialismus bezieht, gelinde gesagt, Unsinn. Die OMs brauchten keine Nischen. Sie repräsentierten die Gesellschaft, die Gesellschaft selbst war die Nische.

Die DDR war nach den Regeln einer Kleingartensparte eingerichtet. Die Bungalows standen in Reih und Glied, aus heimischen Rohstoffen und in gegenseitiger sozialistischer Selbsthilfe gefertigt. Die Spartenleitung wachte über die Einhaltung des Abgabesolls und die Breite des Abstandsgrüns und organisierte den Wettbewerb. Zu bestimmten Zeiten war Geselligkeit angesagt, immer dieselbe. Auf intakte Umzäunung wurde größten Wert gelegt. Man war offen für Publikumsverkehr und zeigte stolz vor, was man hatte, doch bis Mitternacht mußten alle Fremden draußen sein.

Man mußte ihnen nicht die Instrumente zeigen, um sie zu Jubelparaden, Einhaltung der Sprachregelungen und Wahldisziplin zu zwingen. Es reichte, wenn es Rauhfasertapete gab. Man mußte sie nicht über Vergangenheit und Zukunft belügen – die interessierten sie nicht. *Das bessere Morgen*, von dem die Lieder sangen, war ihnen herzlich schnuppe. Viel wichtiger war, daß man einen kannte, der einen kannte, dessen Freund aus dem Sonderkontingent einen Wartburg besorgen konnte.

Der propagandistische Aufwand der Regierung stand immer in einem komischen Mißverhältnis zum Ergebnis: Die OMs glaubten nichts und machten alles. In den siebziger und achtziger Jahren hat nicht eine einzige propagandistische Erfindung wirklich verfangen; ob es um Biermann ging, um Polen, um den neuen Wartburg, um das Verbot des sowjetischen Magazins «Sputnik» – aller propagandistischer Aufwand versickerte in unziemlichem, offenem Gelächter. Doch die menschengemeinschaftliche Harmonie hätten sie ihrer Führung auch ohne propagandistisches Beiwerk simuliert. Aus den Westmedien hatten die OMs gelernt, stets die Lücke zwischen politischer Parole und Wirklichkeit zu suchen. Diese Lücke war ihr Metier, in ihr bewegte sich das Kleinbürgervolk artistisch, nahm seine Regierung beim Wort ihrer ideologischen Stereotype und spielte mit ihr das zähe Spiel um Privilegien, Sonderzuteilungen, Pöstchen und Prämien. Das war die ganze Politik.

Sie hatten einander gefunden, die OMs und ihre Regierung: Der Generalsekretär und Vorsitzende des Staatsrates war ihr oberster Datschenbauer, Bauholzbeschaffer, Rabattenbewacher und Privilegienverwalter. Sie wußten sich mit ihrer Regierung einig, daß Ordnung und Sicherheit zu herrschen habe, und teilten mit ihr die Sorge, daß die Kleingartenkolonie «Frohe Zukunft» doch nicht paradiesisch genug sein könnte. Gemeinsam wollten sie das Anwesen hübsch und trocken halten, auch wenn es keine Dachschindeln gab.

Sie hatten es verdammt gut miteinander.

Dabei war die Last, die die Regierung zu tragen hatte, die größere. Sie war ständig mit dem stummen Vorwurf der OMs konfrontiert, daß es im Westen ein noch paradiesischeres Paradies der Kleinbürger gab, was strikte Abgrenzungen notwendig machte, aber auch zu sogenannter *realistischer Einschätzung der Lage* Anlaß bot. Mit Sätzen wie «die DDR ist nicht die Insel der Seligen», «das Erreichte ist nicht das Erreichbare» oder «es ist in Ordnung zu bringen, was noch nicht in Ordnung ist» – Lieblingssprüchen des Generalsekretärs – hat die Regierung die latente Kritik der OMs an der Führung mutig öffentlich gemacht. Solche Losungen dienten der Befriedung jener Kaste, die das Klima des permanenten Mißmuts und der Meckerei, des Neides und der Verdächtigungen bestimmte und die mit jedem Wort ihre Macht spüren ließ. Das war die Kaste der Fliesenleger, Friseure, Kellner, Taxifahrer, Grundstücks- und Datschenbesitzer, Staatskünstler, Baustoffschieber, Wohnungsschieber, Zollsekretäre, Autoanmeldungsbearbeiter, der Beschaffer und Befilzer in den Kombinaten, der Genehmiger und Verweigerer, der Blockparteisekretäre in den Kreisstädten. Ihnen allen war ein Leben *fast so wie im Westen* ehrenwörtlich versprochen.

Selten tritt aus der Masse der angepaßten, erpresserischen Egoisten jemand mit brillanter Einzelleistung hervor. Aber Solisten gibt es. Zum Glück, denn für eine seriöse Beschreibung von Vita und Psyche der OMs ist ihre Vereinzelung unerläßlich. Als Einzelstücke traten schon in der DDR jene OMs hervor, die neben ihrem Urtrieb, um jeden Preis mit dem Hintern an die Wand zu kommen, einen sicheren Instinkt für spektakuläre Selbstdarstellung hatten – schon von Berufs wegen. Der als Selbstdarsteller unschlagbare Manfred («Manne») Krug war einer von ihnen.

Von der Kleinbürgerregierung wurde er als proletarisches Wunderkind aufgeblasen – vom Stahlarbeiter zum Staatsschauspieler –, und so mimte er ihr in ungezählten Parteisekretärs-, Kampfgruppenkämpfer- und Proletarierrollen den kantig-humorvollen Arbeiterjungen, ausgestattet mit dem Instinkt und dem Mutterwitz der Klasse, wie sich die Funktionäre ihre Helden träumten. Offenbar ahnte er, was die von ihm wollten und was sie dafür zu geben bereit waren. Und so verdiente er sich zusammen, was man sich in der DDR so verdienen konnte, Stilmöbel und Oldtimer-Automobile, Geld und Grundstücke und Visastempel für Westberlin. Irgendwann befand er, daß er der Kleinbürgerregierung nun nichts mehr schulde, simulierte Renitenz und ließ seine ehemaligen Gönner sitzen.

Heute spielt er uns wieder den Ossi – einen arbeitslosen Familienvater, ausgestattet mit dem alten, erfrischenden Mutterwitz – und gibt einer Zeitung zu Protokoll: «Immer Ossi jeblieben!»

Die Drohung, der Führung die Mitläuferschaft aufzukündigen, sich einzeln oder geschlossen, «innerlich» oder physisch in die – nach Lenin – faulende und parasitäre Gesellschaft des Kapitalismus zu verflüchtigen, lag immer in der Luft. Das hätte (und hat schließlich) das Ende des Systems bedeutet.

Überwogen bis Ende der sechziger Jahre die Versuche des Staates, die Bürger mit Repressionen und Verheißungen einer glücklichen Zukunft zur Hingabe an das sozialistische Ideal zu bewegen, so streckte die SED spätestens mit dem VIII. Parteitag, auf dem Honecker den *Kurs der Einheit von Wirtschafts- und Sozialpolitik* verkündete, ihre Waffen vor dem verfrusteten Kleinbürgertum, das sich angesichts des Wohlstands der Brüder und Schwestern im Westen zu kurz gekommen sah. *Im Mittelpunkt steht der Mensch* – also nicht mehr der Dienst an einer abstrakten geschichtlichen Idee. Da stand er nun, der Mensch, und konnte die Augen nicht voll genug kriegen.

Auf allen Gebieten begann ein absurder Aufholwettbewerb. Die Tageszeitungen meldeten stolz den in der DDR im Vergleich zum Westen höheren Pro-Kopf-Verbrauch an Teewurst und Kurzwaren – bei konstanten Preisen. Die hehren marxistischen Ideale wurden in die Spruchbeutel verstaut. Es herrschte schwitziger Pragmatismus. Das *sozialistische Menschenbild* der *allseitig gebildeten sozialistischen Persönlichkeit* wurde auf Konsum, Rummel und Paraden zusammengestrichen: Die OMs hatten definitiv die Macht übernommen. Die Ergebensheitsadressen, die die Regierung brauchte, produzierte sie jetzt freudlos selber. Sogar Leserbriefe, mit denen ungewaschene Künstler aufgefordert wurden, ihr moralisch-politisches Erscheinungsbild zu ändern, mußte man im Apparat des ZK selber basteln.

Es gab bei den OMs wenig Ideologie, aber um so mehr Fingerfertigkeit bei der Durchsetzung ihrer Interessen. So trieben sie scheinbar uneigennützig ganz sonderbare Dinge, um Treue und Gefolgschaft zu beweisen. Gern schickten sie ihre Kinder in die FDJ, obwohl es dafür keine zusätzlichen Forum-Schecks für den Intershop gab. Am Wochenende probten sie das Entfalten der Schützenkette in den Kampfgruppen der Arbeiterklasse, ließen sich als dichtende Werktätige ausbilden, übten russische Volkstänze oder studierten im Hausgemeinschaftskeller die Beschlüsse des Zentralkomitees, in der Hand obligatorisch vier verschiedenfarbige Stifte zum Anstreichen *bedeutsamer Stellen*. All das, ohne daß jemand mit der MP hinter ihnen stand. Ihr ganzer kindlicher Stolz war es, dazuzugehören. Das machte die sozialistische Lebensfreude aus, auf der sie ihrer Führung gegenüber bestanden. Das will ihnen auch keiner verübeln. Nur sollen sie nicht so tun, als seien das nicht sie, sondern immer nur die anderen gewesen, als hätten sie selbst ausschließlich unter dem – wie es heute heißt – «mörderischen Druck des Systems» gehandelt.

Mit simulierter Begriffsstutzigkeit halten die OMs gegenwärtig jede notwendige gesellschaftliche Auseinandersetzung auf. Begriffsstutzigkeit war bereits das wesentliche Element des Boykotts gegen die rasche Verwestlichung ihrer Lebensweise, wie sie von der Kohl-Regierung nach der Vereinigung vorgesehen war. Sie haben sich einfach immer wieder dumm gestellt, bei jedem neuen Formular. Plötzlich wußten sie nicht, wie man im Supermarkt die Mark aus dem Einkaufswagen wieder rauspuhlt und wie man heil durch das Drehkreuz kommt. Das dreht und dreht – «noch immer ist mir schwindlig von den Veränderungen, die mit uns, die mit mir geschehen sind» (Thierse). Aha, das ist also eine Kiwi, muß man die gießen? Auf diese Weise haben sie das mörderische Tempo aufgehalten, das Kohl unter dem Motto «Aufschwung Ost» angeschlagen hat; Zeitdruck ist – wie Paul Virilo sagt – ein «gewalttätiger Eingriff in die Menschenrechte».

Zweimal täglich fallen ganze Scharen von Ostdeutschen aus allen

Wolken, was der Westler an sich für ein gemeiner, hinterfotziger und schmieriger Kerl und was die BRD für eine menschenfeindliche und teure Gesellschaft ist. Man kann getrost davon ausgehen, daß sie genau das bis ins Detail wußten, als sie in Leipzig nach der D-Mark riefen. Die Spielregeln des feindlichen Systems hatten sie sich täglich via ARD und ZDF als Abendunterhaltung reingezogen. Viele wußten bei der Wende mit Namen, politischen Biographien und ökonomischen Zusammenhängen der alten BRD mehr anzufangen als manch bemühter Gesellschaftskundelehrer in Pforzheim oder Paderborn.

Da stelle mer uns aber erst mal dumm...

Auch daß ihre DDR verschwunden sei, ausgelöscht, verloren auf Nimmerwiedersehen, behaupten sie steif und fest. Wider besseres Wissen. Aber die lebt.

Und wie.

In einem kann man ihnen freilich glauben: Einen wirklichen Sozialismus haben sie nicht gehabt und nicht gewollt. Um so lieber wünschen sie sich den zurück, der ihnen abhanden gekommen ist. Dem gilt ihr heimliches Sehnen, in dem waren sie freiwillig, für den waren sie zuzeiten sogar enthusiasmiert.

Daß die DDR sich diesen Sozialismus nicht in D-Mark leisten konnte – darin allein bestand für sie die Diktatur. Und daß diese Diktatur einige härter traf als andere, machte aus der gemütlichen Republik das *SED-Unrechtsregime*.

Wer das nicht mitgemacht hat!

Wanderer, kommst du nach Spa... du watest durch Galle und Tränen. Die Provinzen vergreist, Zwangsruhestand über einst blühenden Landschaften. Männer in den besten Jahren schleichen umher zwischen Zeitungskiosk und Stempelstelle. Verloren und aufgedunsen, sitzen sie in zu großen Autos. Die Population mit den toten Augen: Angestellte des alten Verwaltungsapparates, Professoren, Offiziere, Lehrer, Betriebswirte, Redakteure, Kindergärtnerinnen – alle durch die Gewissensprüfung gefallen, fortgespült bei der großen ideologischen Säuberung. Frauen sind nur noch Mütter und Anhängsel von Männern, die außer cholerischen Anfällen nichts mehr produzieren. Mit ihren nach Schokoriegeln grapschenden Kindern durchstreifen sie die Ramschabteilungen der Kaufhäuser. Stumpfsinn, Alkohol und Jugendbanden herrschen in den Vorzeigevierteln von Honeckers Wohnungsbauprogramm. Mecklenburger Bauern spielen mit schiefen Gesichtern «Ferien auf dem Bauernhof», «Reitschule» oder Golfplatzwart auf ehemals eigener Wiese, die ihnen der Junker zur Pacht gelassen hat. Mittelgroße Städte wie Wittenberge oder Schmalkalden wären praktisch tot, wenn sich nicht wenigstens der Durchgangsverkehr in ihnen staute. Rund um die Marktflecken rotten sich siloartige Scheußlichkeiten zusammen, Lager für «Fruchtzwerge», IKEA-Chic und Cola in der Dose. Dynamisch, jung, effizient, modern und demokratisch hießen die Schlagwörter, mit denen das neue Leben sich den Altlasten anbot. Geblieben sind Müdigkeit und Angst und Resignation.

Das alles wäre nicht so schlimm – «irgendwie», heißt es, haben wir das ja alle gewollt –, aber diese Demütigungen! Überall diese Westler, die porentiefe Gesundheit und die Duftnote einer feindlichen Spezies verbreiten, die die Theater des Ostens mit blödem, grellem Lachen besetzen, die sich in den Schaufenstern der teuren Restaurants spreizen, die östliche Stadtverwaltungen hochstaplerisch um Millionen prellen, die Betriebe demontieren wie die Alliierten nach dem Krieg und mit der Kundendatei verschwinden, die alles über Kredite wissen, aber nichts erklären wollen und dem Ostler morgens, mittags und abends zurufen: Keinen Tag hätte ich stillgehalten in eurer Diktatur, keinen Tag!

Es wird ein Rätsel der Weltgeschichte bleiben, wie ein «Volk», das immerhin eine Konterrevolution absolviert hat, all dies über sich ergehen lassen kann. Nun schon im fünften Jahr wird gemunkelt, ein heißes Frühjahr, ein heißer Sommer, ein heißer Herbst stünden bevor. Es bleibt aber vorerst lau. Das Trotzfasten der Kalibergwerker in Bischofferode, das – wenn schon nicht zu einem *Steppenbrand* widerständlerischer Aktionen – so doch wenigstens zur massenhaften Verweigerung von Bifi-Würstchen und Müller-Joghurt in den neuen fünf Ländern hätte führen können, blieb folgenlos. Nicht mal einen ordentlichen Mietboykott haben die Ostdeutschen hingekriegt, geschweige daß das Göring-Rohwedder-Treuhandhaus, der Hort allen Ungemachs, brannte. Die Chancen für Rächernaturen, dem Kanzler ans Leder zu gehen, waren zahllos – ob er nun einen Schweinestall in Mecklenburg durchschritt oder vor dem Berliner Dom linkisch am Hintertürchen stand. Ein einziges, einsames jungsozialistisches Ei hat ihm in all den Jahren Nachricht vom Volkszorn gegeben.

Lange haben es die OMs durchgehalten, in jede Kamera, die am Wegesrand auftauchte, ihre Dankbarkeit zu jubeln und die Aufschwungphantasien des Kanzlers in ihr hilfloses Wendedeutsch zu übersetzen: «... mit unserem Bundeskanzler Helmut Kohl an der Spitze für eine bessere Zukunft». Dann ist ihnen alles weggeblieben, Worte und Spucke und Geld. Die Partei der Arbeitslosen, die Komitees für Gerechtigkeit und der Verein zur Wahrung ostdeutscher Menschenrechte sind Kränzchen geblieben, therapeutische Seancen, in denen man gegen das Abschneiden des Lebensfadens anhäkelt und Wut und Thoben-Kuchen in sich reinfrißt. Der Protest gegen die Misere bleibt auf die Leserbriefspalten der ostdeutschen Zeitungen beschränkt, in denen sich ausgestoßene NVA-Offiziere beklagen, daß sie nicht als Überläufer zur feindlichen Armee zugelassen wurden, oder an die Wohnung gefesselte Muttis zetern, die Usurpatoren im Ostradio sprächen noch immer die Namen der eroberten Städte falsch aus. Der Gipfel der emotionalen Äußerung ist jeweils der Ausruf, die Westler sollten doch nun, da die Ostler die reale Mauer niedergerissen haben, *die Mauer in den Köpfen und Herzen* überwinden.

Die Stille ist unheimlich. Es macht dem Westler schon gar nicht mehr recht Spaß, auf die staubigen Säcke einzutreten, es kommt ja nicht mal mehr ein Schmerzenslaut zurück. Die Mitläuferschaft der DDR hat sich wieder auf Anpassung eingestellt. Ganz lieb wollen die Ostler wieder sein; brav sitzen sie in den Umschulungskursen und schreiben wieder genauso eifrig mit wie früher im Parteilehrjahr. Die Mehrheit hat ihre ungewendete Mitläuferschaft per Wahlzettel demonstriert; statt für *die Kandidaten der Nationalen Front*, wie früher, stimmte man bei den ersten Nachwendewahlen für die Einheitsliste der Jünger Kohls, die «Allianz für Deutschland» hieß. Besonders leidenschaftlich verwählte man sich in Gegenden, wo es den Leuten heute so dreckig geht, daß sie gelegentlich schon die Nahrung verweigern, ohne zu ahnen, daß auch dies zum Tode führen kann.

Aber unter der Oberfläche der Konformität lauert, noch während man dem Meinungsforscher bestätigt, daß die Stimmung besser sei als Anfang voriger Woche, die Perfidie. Wenn der umständliche, laute Leihbeamte aus Oberursel mit seinem unvermeidlichen «Super!» das Zimmer verläßt, blinzelt man einander zu: *Wenn's mal wieder andersrum kommt...*

Nachdem nun die Illusion von den *Brüdern und Schwestern* ausgestanden ist, entwickeln viele Ostdeutsche eine Sektenmentalität, die sie plötzlich in sich hineinhorchen läßt, um Schönheit, ja Luzidität an sich zu entdecken, gespeist aus dem ewigen Borne DDR. Wie man durch die Sublimierung miesester Charaktereigenschaften, wie Egoismus, Raffsucht, Neid, Zynismus, die Politik eines ganzen Staates prägen, sich eine bestimmte Partei- und Staatsführung heranzüchten und dann mit denselben Talenten diesen Staat und seine führenden

Hampelmänner zur Schnecke machen kann, diese Erfahrung trägt sie und hebt sie aus dem Gros der westdeutschen Opportunisten heraus. Es ist dieses wortlos funktionierende kollektive Selbstwertgefühl, auf das die OMs ihre alte und neue Mitläuferschaft gründen. Sie sind die besseren Menschen in Großdeutschland, und das werden sie «denen» schon noch zeigen: Sie kennen echte Solidarität, sie sind von rigoroser Ehrlichkeit, sie tragen in sich Erinnerungen an das richtige, pralle, glückliche Leben – kurz: Sie nennen Seele, ostdeutsche Seele ihr eigen.

«Die DDR scheint gerade als Heilmittel gegen die Krankheit zu dienen, die sie selbst hervorgebracht hat: mangelndes Selbstbewußtsein und ein Identitätsdefizit», schreibt Monika Maron, die von der elitären Beziehungsarmut, die ihr der Clan von Papa Innenminister Karl Maron vererbte, auf die der Mitläufermassen schließt. Die aber haben nicht das – wie immer auch geartete – Identitätsdefizit der Maron. Die haben vielmehr, im Unterschied zum beziehungsarmen Westler, ein knackiges Gruppenselbstbewußtsein: Sie waren der Filz und sind der Filz. Sie bestimmen das Klima. Das Selbstbewußtsein der Großkotze («wir sind die größte DDR der Welt») müssen sie nicht erst erwerben, ihre Arroganz gegenüber Andersdenkenden und Fremden nicht erst unter Beweis stellen, ihr Banausentum nicht erst entdecken.

Die DDR ist die Black box, in die man alles hineingeheimnissen kann, was der faden Mitläuferexistenz Weihe und Würde gibt: das «Gelbe Elend» Bautzen einerseits, andererseits schmeckte die Wurst noch nach Wurst, von der Kalamität mit den Südfrüchten mal abgesehen.

Wer die DDR durchlebt hat, erntet jetzt den Lohn. Unabhängig davon, *daß die da oben Schweine waren*, hat das Leidensdasein in der Diktatur offensichtlich großartige Persönlichkeiten hervorgebracht, den sozialistischen Renaissancemenschen gewissermaßen, der in der Engelsschen Beschreibung in den Geschichtsbüchern der Ostdeutschen oft als einer ihrer Ahnen erschien: «Riesen an Denkkraft, Leidenschaft und Charakter, an Vielseitigkeit und Gelehrsamkeit...»

Der ostdeutsche Mensch ist vor allem ehrlich, ehrlich bis in die Tiefen seiner wendewunden Seele. Ein Versicherungsvertreter, der beteuert: «Ich bin ehrlich, ich bin aus dem Osten», ruft in den neuen Ländern keine Verwunderung hervor. Ehrlichkeit gilt unter den Ostlern als *das* Unterscheidungskriterium zum Westler, der ihnen vor allem als Gebrauchtwagenverkäufer, Drücker, Personalchef, Reporter, Politiker oder Immobilienhändler begegnet – in Berufen also, wo Falschheit zum Handwerkszeug gehört. Nicht daß er womöglich wiederholt von Westlern geprellt wurde, läßt den Ostler seine Ehrlichkeit betonen. Es ist vor allem das falsche Grinsen, das der Westler nicht mal ablegt, wenn er unters Auto kommt. Wie sehr sie es auch in drei Jahren deutscher Einheit geübt haben: Der gelernte Ostler kann immer noch nur so aussehen, wie ihm zumute ist, also traurig.

Etwa wie Wolfgang Thierse. Thierse ist die fleischgewordene These der Ostdeutschen, daß Politiker aus ihrem Landstrich Ehrlichkeit in die Politik einbrächten (was nicht zutrifft), während westliche Politiker verlogen und verschlagen sind (was durch die Bank zutrifft). Nur ist es schwierig, Herrn Thierses «Grundempfinden (merke: Ostler haben Grundempfinden, d. A.), das Macht ablehnt» – natürlich nicht so generell, daß es ihn gleich wieder zu seinen Exerzitien in Marximus/Leninismus zöge –, richtig zu verstehen. In seinem Hauptwerk mit dem ossifreundlichen Titel «Mit eigener Stimme» kommt die Ehrlichkeit in Form grüblerischer Rhetorik und verbaler Selbstzerfleischung daher. Der macht sich's nicht leicht, unser Wolfgang, alle Achtung! «Muß ich mich entschuldigen?... Muß ich mich schämen?... Darf ich stolz sein?... Was immer es war, ich glaube nicht, mich entschuldigen zu müssen. Zu dürfen.» Das ist der innere Existenzkampf, den jeder im Osten jetzt am Küchentisch mit sich ausfechten muß. Darf! Aber ehrlich!

Es gibt komische Versuche, die Ehrlichkeit als Frucht eines mühevollen sozialen Lernens in vierzig Jahren DDR zu begründen, etwa so: In einer Diktatur mußten sich die «kleinen Leute» aufeinander verlassen können, ein *Grundvertrauen* herrschte, wie wohl Thierse sagen würde. *Rein zwischenmenschlich gesehen,* gab es Solidarität in einer Vollkommenheit, wie sie der von Adenauer, Erhard und Kohl geführte Ellenbogenmensch nicht einmal erahnte. Der Schwächere war in der DDR nicht gleich der Versager. Einsichtige politische Köpfe in den Apparaten von Wirtschaft, Wissenschaft und Kunst haben einander beim Taktieren beigestanden, und mancher ist dank der Hilfe von Kollegen von Reglementierung verschont geblieben. In der Erinnerung freilich hat sich da manches verschoben. Im Milieu der OMs gab es nichts, was unter den politischen Begriff der Solidarität passen würde. Aber heute gilt schon die Tatsache, daß man jederzeit bei der Nachbarin ein Fäßchen Salz borgen konnte, als die legendäre *Solidarität des Ostens*.

Auch ein «unheimliches Empfinden für soziale Gerechtigkeit» ist, so Thierse, «übriggeblieben in der 40jährigen Geschichte der DDR». Unheimlich, jawohl. Im Bürgerkrieg der Deutschen um die Zuwendungen der öffentlichen Hand bestehen die Ostdeutschen darauf, die Underdogs zu sein – was leider wahr ist – und zu bleiben: «Auf Jahrzehnte hinaus werden wir das Sizilien der BRD bleiben», heißt es. Im Zukurzgekommensein vereinen sich die OMs wieder neu als Masse – wieder neu als Masse von Opfern. Die Erfahrung des Unrechts, das ihnen gegenwärtig im Rechtsstaat widerfährt, läßt sie eine historische Kontinuität entdecken, die sie zu einer Opfer-Masse mit langer Leidensgeschichte macht, etwa so: Wir haben zufällig auf der falschen Seite gelebt und mußten alle Reparationen selber tragen, während euch der Ami gepäppelt hat! Oder: Bei uns war viel mehr zerbombt als auf eurer Seite. Oder: Ihr habt uns ja bis zum Mauerbau die ganze technische Intelligenz abgeworben. Oder: Ihr habt uns ja in einen mörderischen Rüstungswettlauf gezwungen. Es gibt nicht nur neue Wunden. Am schlechtesten heilen die alten.

Mit jeder Liquidierung eines Ostbetriebes durch den Westkonkurrenten, der sich kürzlich als Investor mit sicherem Finanzierungskonzept vorgestellt hatte, wächst den OMs etwas zu, wovon sie erst aus den Predigten all der Schorlemmers – sofern die nicht in der Politik untergekrochen sind – erfahren haben, daß sie es ihr eigen nennen dürfen. Sie nennen es *Würde*. Das ist die Vokabel für verletzte Eitelkeit. Wie konnten sie auch so einfältig sein und glauben, das westdeutsche Unternehmertum würde vor allem den Landsmann in ihnen sehen und dafür gern eine Weile auf Extraprofit verzichten. Schorlemmer dazu: «Wo aber fast alles restituiert und liquidiert, abgewickelt und freigesetzt, evaluiert und gegauckt wird, geht dies an unsere ohnehin schon verletzte Würde, nochmals verletzt, wo wir eurem coolen Rechtsstaat und den wohltemperierten Zynismen begegnen.» In wohltemperierten Talkshows sind solche verletzten Sätze besonders cool.

Als die Neubundis sich fürs Begrüßungsgeld in den Dreck schmissen und dann mit ihren Plasteautos von Neustrelitz nach Hof pesten, um es noch einmal zu kassieren, dachte noch kaum jemand an Würde. Würde ist ohnehin für bestimmte Felder ausgesetzt. Wo war ihre Würde, als die Belegschaft der Warnow-Werft Rostock 1990 bettelte und dräute, daß sie ein Westler für 'n Appel und 'n Ei aufkauft, damit sie so schnell wie möglich in die Ausbeutung gelangt? Soll man es sich leisten, auf eine spezielle Ost-Würde zu pochen, wenn für das ganze Vaterland fünf Millionen Arbeitslose prognostiziert sind? Vielleicht wird man es erleben, daß der ach so selbstbewußte Westler, wenn er von Krisenängsten geschüttelt ist, genauso rasch die Facon verliert wie vor ihm sein angekratzter Zwilling.

Dem ist inzwischen alles zuzumuten. In Prenden, einer Gemeinde in der Mark Brandenburg, schätzen sich zweihundert Arbeiter und Bauern glücklich, für einen Westler in einem *Ossi-Park* die DDR-Idioten spielen zu dürfen. Sie veranstalten Paraden, führen Parteiversammlungen durch, mimen Gefängnisschließer oder Stasiknechte. Zahlendes Westpublikum ist gern gesehen – es gilt der DDR-Mindestumtausch. Der Wittenberger mag sie in sein Gebet einschließen... Nicht daß der Kapitalismus über sie kommt, sondern daß er so arg primitiv mit ihnen verfährt und daß das massenhafte Vorhandensein deutscher Sekundärtugenden nicht strafmildernd für sie wirkt, das verletzt die Würde der OMs.

Elias Canetti beobachtete, «warum die Masse sich so dicht zusammenzuziehen sucht: sie will die Berührungsfurcht loswerden». Den OMs graust voreinander, sobald sie sich vereinzeln. Sie wollen Kollektiv bleiben, das allein eine mittlere Temperatur erzeugen kann. Das Kollektiv ist das soziale Erlebnis der DDR: Um den Preis, daß keiner sich hervortun konnte, waren alle aufgehoben, bewahrt, versorgt, versichert. Verantwortung war delegiert, weithin auch die für das eigene Schicksal. Nur das Kollektiv war imstande, den ersten sozialistischen Staat auf deutschem Boden gemütlich zu möblieren und ihm die politische Kultur abzupressen, die Kleinbürgern wohltut.

Die klagende Masse rückt heute wieder zusammen, damit ihr nicht vor dem Gestern graust. «Wir sind als Masse vom Regen in die Traufe gekommen», sagen viele. Das heißt: Wären sie nicht schon gestern Masse, Mitläufer, Opfer gewesen, könnten sie es heute schwerlich sein. Schlimmer noch: Ohne diese Kontinuität würde offenbar, daß es auch anders ging, daß auch der Alltag in der DDR Verhaltensvarianten und Entscheidungsspielräume offenließ. Also: Gemeinsam haben wir im Regen gestanden, folglich stehen wir jetzt zusammen in der Traufe. Selbstverständlich kann einer heute auch Millionär werden. Aber eben immer nur einzeln. Eben.

Freiheit, Gleichheit, Brüderlichkeit: Was ist ihnen von ihrer komischen Revolution geblieben? Die Freiheit hat sich als Chimäre erwiesen, und die Brüder und Schwestern «drüben» haben ihnen die Brüderlichkeit verweigert. Also muß es die Gleichheit rausreißen.

Auch hier Pech auf der ganzen Linie: Am Anfang hätten sich «Neues Forum» und «Demokratischer Aufbruch» noch mit dem schäbigen Luxus von Wandlitz zufriedengegeben – Kinderüberraschungseier für alle! Mit welch voyeuristischer Leidenschaft haben sie die erbärmlichen Datschen der Politbürokratie durchwühlt und bei jeder leergetrunkenen Bierdose gerufen: Das wurde dem Volke vorenthalten!

Dann entschloß sich die Opposition, aufs Ganze zu gehen: Nicht nur so gut wie Harry Tisch oder Günter Schabowski wollten sie es haben, nein, das Durchschnittseinkommen eines arbeitslosen Stahlarbeiters im Saarland mußte es sein. Doch die Ostdeutschen bekommen im vierten Jahr der Einheit noch immer nur zwei Drittel der westdeutschen Löhne und Gehälter, die Arbeitslosenquote liegt mancherorts viermal höher als in den Altbundesländern. Auf Befragen geben annähernd 70 Prozent der Ostdeutschen an, sie fänden sich rechtlich mit den Westdeutschen nicht gleichgestellt; schon mit dem Einigungsvertrag, den, so Jürgen Habermas, Schäuble zum Schein mit Krause, in Wahrheit mit sich selber abgeschlossen hat, sahen sie das erhoffte Grundrecht auf Gleichbehandlung schwinden – wie erst in der Art, in der er gebrochen wird. Dann will man wenigstens als Ostler Gleicher unter Gleichen sein, gleich im Leid und gleich im Klagen. Dann will man wenigstens jene Gleichheit bewahren, die man als eine *Errungenschaft des Sozialismus* erkannt zu haben glaubte, selbst wenn die auch schon eine Illusion war.

«Innerhalb der Masse herrscht Gleichheit, was immer davon ablenken könnte, wird übersehen», sagt Canetti. Übersehen wird, daß sich der Mieter im dritten Stock seine Wohnung – noch oder schon – leisten kann, während der im Parterre mit Zwangsräumung rechnen muß. Übersehen wird, daß der eine OM ein *Stasischwein* war, während sich der andere als gewöhnlicher Opportunist durchschlagen mußte. Was sie alle egalisiert bis zur Unkenntlichkeit, ist ein Gut, das bei den Deutschen schon immer sehr beliebt war, wenn man sich zusammentat – Heimat, Herkunft. Heimat ist hier Leben, Lieben, Leid in nun leider vergangener Zeit – *das kann uns keiner nehmen!*

Neuerdings nennen sie es auch gern «Identität», ausgesprochen Indedidäät. Was für die OMs Ende der achtziger Jahre *der Sozialismus in den Farben der DDR* war, ist ihnen heute ihre Identität. Sie kennen den Begriff ausschließlich in Anwendung auf das Kollektiv und tun so, als habe es für DDR-Bürger einen Staatsraum gegeben, in dem sie alle dasselbe erlebten und empfanden und alle dieselben waren. Das ist natürlich Unsinn. Wahr ist, daß sich die Erfahrungen der OMs und ihre Verhaltensweisen, Taktiken, ihre Sprache stark ähnelten, so daß man von einer identischen Erfahrungswelt und einem gemeinsamen Zeichensystem sprechen kann. «Identität» in bezug auf DDR dient denn auch eher der dringend notwendigen, die Psyche stabilisierenden Abgrenzung gegenüber dem Westler, der *das nicht mitgemacht hat, was wir mitgemacht haben,* dem diese Geschichte nicht zusteht, geschweige ein Urteil über sie. Noch im Januar 1993 bezeichneten sich bei einer Umfrage im Auftrag des SPIEGEL in den neuen Ländern nur 45 Prozent als Deutsche, 54 Prozent aber als Ostdeutsche. «Identität» meint den Muff der Werkskantinen, das Doppelleben in Gesellschaft und Familie, das Spiel zwischen Anpassung und Selbständigkeit in Schule und Beruf, die gegenseitige Überwachung auf strenge Einhaltung des Mittelmaßes, den Geschmack der F6, das «Mosaik», die Tricks, einen Trabantkeilriemen zu flicken, die «Tausend-Tele-Tips» und die Kalauer des Komikers Rolf Herricht – *eben alles.*

Und heute? Heute erleben die OMs, wie der Westen diese «Identität» kalt ignoriert, den Mythos, den sie um ihre *gemeinsame Herkunft* weben, gezielt verletzt, so daß es sie schon Mut kostet, sich einzugestehen, nicht als Westler geboren zu sein. Sie machen die schlichte Erfahrung, daß das System, in das sie gewechselt sind, nichts Großes mit ihnen vorhat, sie nicht veredeln und zu Höherem überreden, sie nicht einmal von der Stelle haben will. Nicht einmal glücklicher sollen sie werden – das war immerhin das Minimum, das sich der Sozialismus für sie ausgedacht hatte. Wer einmal in der Zukunft gelebt hat, für den ist das durch nichts zu ersetzen.

Sie sollen bleiben, wo sie sind, heißt es im Westen, also möglichst im Osten, da, wo der Pfeffer wächst, und machen, was sie wollen, möglichst keinen Lärm und zum Beispiel einfach nichts. *Nichts* zu tun, weder an seiner eigenen moralisch-ideologischen Ausstattung zu basteln noch an der Rettung der Welt teilzuhaben, und sei es durch monotone Handarbeit, das erfüllte im Sozialismus den Straftatbestand der Asozialität, dafür gab es einen Paragraphen!

Zum nützlichen Tun hatten sie den nützlichen Traum. Das hat sie doch ihr Leben lang begleitet: Bei jedem neuen Fünfjahrplan, vor jedem Parteitag entfachte die Jugendpresse die Diskussion zum Thema: «Dürfen Sozialisten träumen?» Die sozialistische deutsche Nation hielt den Atem an: Wie würde die Frage diesmal beantwortet werden? Die Größen der Gesellschaftstheorie wurden ihnen nicht etwa als gnadenlose Analytiker und Pragmatiker des Klassenkampfes vorgeführt, sondern als Somnambule. Lenin war der «Träumer im Kreml», der bei schwarzem Tee ohne Zucker – den hatte er Arbeitern im Kuban gespendet –, aber immerhin bei Licht («im Kreml brennt noch Licht», auch bei Väterchen Stalin) herzerwärmend phantasierte. Eine Vision hatte man als guter Sozialist, fast beiläufig zwischen Morgenschiß und zweitem Frühstück. Die Vision hatte den Vorteil, sich nicht auf das Individuum, sondern *auf das Große und Ganze* zu beziehen; man halluzinierte das nahende Glück, dereinst gänzlich in der Masse zu verschwinden. Die wissenschaftliche Voraussicht verkam zur pathetischen Legitimation des Status quo; die Distribution des Mangels sollte durch die Verheißung des Endziels, wie unscharf es sich auch abhob, weniger mühevoll und erniedrigend sein. So war *Überholen, ohne einzuholen* der von Ulbricht erdachte, etwas umständliche Vorgang, bei dem der Westen binnen kurzem in den wichtigsten Parametern des Konsums und der Produktivität geschlagen sein sollte.

Und wenn das nicht zu bewerkstelligen war, blieb immer noch der Plan von der Produktion des *neuen Menschen*, der sich vor allem durch seine Beteiligung an Volkstanzzirkeln und unentgeltlichen Arbeitseinsätzen, durch einen sauberen und gesunden Körper und ebensolche Familienbeziehungen, durch den jährlichen Genuß der 9. Symphonie und – «Prometheus gleich» – durch periodische Kraftaufwallungen, manische Schübe von wissenschaftlich-technischem Schöpfertum auszeichnete. Es gab eine Vereinbarung zwischen Mitläuferschaft und Führung, sich diesen *neuen Menschen* in festgelegten kollektiven Ritualen gegenseitig vorzuführen. Wenn weiter nichts verlangt wurde...

In einer großen Stimmungsumfrage im Auftrag der ZEIT zum 3. Jahrestag der Wiedervereinigung fanden 60 Prozent der Ostdeutschen, sie hätten in einer «schönen Utopie» gelebt, «die leider nicht zu verwirklichen» gewesen sei. Im Rückblick verklärt sich eben manches. Auch den einfachen Opportunisten, die im Ideologischen nicht zu Hause waren, wird es heute warm ums Herz, wenn ernstzunehmende Köpfe, oft keineswegs Parteigänger des *realen Sozialismus*, spröde begründen, daß die Vision einer sozialistischen Welt nicht aus dem Denken verschwinden dürfe. Leider fällt ihnen dazu wieder nichts Visionäres, sondern nur ihre verschwundene Idylle ein, wo das Brot so billig war, daß man es an die Karnickel verfüttern konnte. Wenn Ulrich Plenzdorf dagegenhält, er habe gelernt, wie gefährlich es sei, eine Utopie verwirklichen zu wollen, hören sie das schon nicht mehr.

In den achtziger Jahren, als die OMs den Höhepunkt ihrer Macht erreicht hatten, war von den schönen Utopien kaum noch die Rede. Holz für ein Garagentor aufzutreiben, zum frei erfundenen Ableben einer frei erfundenen Tante nach dem Westen reisen zu dürfen – das waren die Utopien.

Aber der Westler! Der hatte gleich gar keine. Der hatte Kontoauszüge und Anlagemodelle, die Reise im Sommer nach Spanien, im Winter nach Tirol, aber nie eine glückliche Zukunft. Der hatte überhaupt nur sich, nicht mal den *Traum von einer friedlichen Welt*. Man kann Leuten, die mit der Anhäufung von Kalorien, Geld, Grund und Boden oder Kleidungsstücken beschäftigt sind, nicht erklären, was Visionen sind – sie halten das für überirdische Erscheinungen. Statt sich, wie sein Zwilling im Osten, auf die letzte Schlacht zur Beglükkung der Menschheit zu konzentrieren, lebte der Westler seinen Vergnügungen, zuckend und strampelnd suchte er die schnellen Räusche und grellen Effekte einer oberflächlichen, amerikanisierten Kultur voller lausiger Surrogate. «Alle Menschen werden Brüder» – was war ihm das schon? Ein Popsong, die Geschäftsidee eines Plattenkonzerns! Im Osten – ja, da war Beethoven in jeder kargen Stube zu Haus. Und Goethe leitete einen Arbeiterzirkel im Kulturhaus der Maxhütte und hatte – weil er «Amboß oder Hammer sein» gesagt hatte und damit von Dimitroff im Reichstagsbrandprozeß zitiert worden war – als Theoretiker des Klassenkampfes auch Stimme im Politbüro. Die Jugend lernte Schillers Glocke und «Besen, Besen sei's gewesen!» und «Sagt Mutter, 's ist Uwe!» So waren sie ein Volk der tiefen, wabernden Gefühle, das bei dem Fertigstück *Mut zum Träumen* noch feuchte Augen kriegen konnte.

Der Ostler hatte eine Utopie und hat sie noch immer. Darin wird ihn der zynische Westler schwerlich schlagen. «Wir sind fein raus», sagt Jutta Voigt von der «Wochenpost», «wir haben nichts zu verlieren als unsere fragilen Träume, unsere dunklen Alpträume. Kaum Besseres konnte der unbestimmten Vision von sozialer Gerechtigkeit passieren als der Wegfall einer störenden Realität. Der Vorsprung des Ostens liegt nunmehr im Metaphysischen.» Kein Versorgungsengpaß, keine kleinen und größeren politischen Schikanen können mehr die Träume stören. Aus dem Heute ins bessere Gestern. Selbst die sozialistischen Medien, über die sie allezeit meckerten und witzelten, die idyllische Fernsehkultur und die Verlautbarungsblätter sind weich aufgehoben im seligen Sehnen der OMs. «Ich verwahre mich dagegen» – so fangen die Leserbriefe meistens an, dann springen sie gleich in den Plural: «... daß uns jetzt eingeredet wird, das Zentralorgan hätte uns belogen. Mit seinem klaren Standpunkt war es für uns immer eine Alternative zum Westfernsehen, wo wir ja jetzt sehen, was wir davon haben.»

Die Vision der OMs war und ist die Republik der Beschaulichkeit, der Verläßlichkeit von oben und unten, der Ordnung in den Hohlköpfen, die ihnen Überraschungen und die Dekadenz des Westens vom Leibe hält (*Schund und Schmutz*). Wenn sie Utopie sagen, meinen sie eigentlich eine Verlustrechnung: Seht, das alles haben wir verloren.

Dazu zählen sie auch den Spaß am Leben. «Ich denke, wir hatten auch eine Menge Spaß, oder?» So mutig fragt Klaus Schlesinger, und das «wir» meint wohl die gesellige Riege ostdeutscher Literaten. «Bei uns wurde geliebt, gelacht, gesungen!» (Leserbrief) Das soll er gefälligst wissen, der Westler, der den Ostlern mit seinem stupiden «Fun» und dem linksrheinischen penetranten «Spasss», mit seiner Zeitgeistneurose, dem Jachtern nach dem neuesten Hollywood-Schinken, seinem Prominentenkult, seinem Fitneß-Wahn und seinem aristokratischen Gehabe um die tägliche Nahrungsaufnahme furchtbar auf die Nerven geht.

Natürlich hat die Mitläuferschaft «geliebt, gelacht, gesungen». Heute dagegen scheint im Osten das Leben suspendiert. Es herrscht Melancholie. Melancholie ist – noch einmal Canetti – eine der «Fluchtverwandlungen» der Masse. Sie folgt der Manie, in unserem Falle der Euphorie der Wiedervereinigung, wenn die Masse enttäuscht wird und sich betrogen fühlt: «In der Melancholie ist man das Ereilte und bereits Ergriffene. Man kann nicht mehr entkommen. Man verwandelt sich nicht mehr. Alles, was man versucht hat, war umsonst. Man ist in sein Schicksal ergeben und sieht sich als Beute. Man ist in absteigender Linie: Beute, Fraß, Aas, Kot.»

Es gibt – von aller mitleidheischenden Selbstdarstellung abgesehen – einen sicheren Indikator dafür, daß das Lebensgefühl der mitlaufenden Massen ruiniert ist: Wo der Trieb zur Bewahrung der eigenen Art verkümmert, ist es schlimm um die Population bestellt. Von den anerkannten Katastrophen dieses Jahrhunderts hat nur der Erste Weltkrieg einen solchen Kollaps der Zeugungs- und Gebärbereitschaft provoziert. Noch nie ist die Geburtenzahl in einem deutschen Landstrich so rapide gefallen wie in Ostdeutschland seit dem Mauerfall: um siebzig Prozent zwischen 1989 und 1992, mehr als das

Doppelte des Geburtenrückgangs aus den letzten Weltkriegsjahren! Selbst die Heldenstädter, von denen man doch einigen Einsatz erwarten durfte, haben versagt – 1992 wurden um die Hälfte weniger Leipziger geboren als 1990.

Der Gebärstreik zieht sich durch alle Altersgruppen. In vielen Kreisstädten gibt es nicht mehr als zwei Eheschließungen pro Woche. Die Zahl der Scheidungen ist um das Fünffache zurückgegangen; es wird dreimal weniger geschieden als im Westen. Die Ostler interpretieren das gern als ein Zeichen für Treue und Verläßlichkeit, wie zu den wechselnden politischen Führungen, so auch *in den Partnerbeziehungen*. In Wirklichkeit wollen sie einfach nichts beginnen, nichts riskieren, nichts erobern, nichts verlieren. Es herrscht Feigheit vor dem Leben. Der Osten ist kollektiv erstarrt im Ist-Zustand, quält sich in einem «Aggregateffekt individueller Schockerfahrung» (Wolfgang Zapf). Der Spaß ist vorbei, und selbst wenn man doch noch mal einen hochkriegt, ist es nicht *wie früher* – die Sinnlichkeit bleibt suspendiert, solange die Sinnfrage bedrohlich offensteht. Die Statistik vermeldet eine extrem verminderte Koitusfrequenz der Ostler. Verweigern sie sich, bis gleiche Lebensverhältnisse in Deutschland erreicht sind, als wollten sie sagen: Das habt ihr nun davon, daß wir nicht einmal eine Erektion kriegen, warum hat der Kanzler seine Versprechen nicht gehalten?

Doch manchmal erhellt ein Lächeln die früh vergreisten Züge: wenn sie den ach so effizienten Westmenschen hilflos sehen. Einmal gar, im dritten Jahr der Einheit, schien es, als würden die OMs kraft ihrer Masseneigenschaften – Obrigkeitshörigkeit und exzessiver Geiz – die Nation in den Ruin treiben, um sie im selben Atemzug generös zu retten. Als gelernte Untertanen haben sie die aufmunternde Aufforderung des Umweltministers, alte Joghurtbecher separat in Müllsäcke zu füllen, sofort zur patriotischen Aktion erklärt und gesammelt und sortiert, was die Säcke hielten. Endlich waren sie in ihrer Fähigkeit wieder gefordert, Stoßtrupps zu bilden, den Wettbewerb zu organisieren, Kinder – sogenannte *Timurtrupps* – zu Zwangsarbeit zu pressen.

Zum ersten Mal seit dem Mauerfall ereilte sie, was sie so schmerzlich vermißt hatten: eine Richtlinie. Und nun auch noch eine mit einem anheimelnd programmatischen Namen, «Duales System». So etwas Schönes war seit Ulbrichts NÖSPL, dem Neuen Ökonomischen System der Planung und Leitung, nicht mehr dagewesen. Endlich konnten sie beweisen, daß sie jede noch so lax formulierte Aufgabenstellung der Regierung *schöpferisch umzusetzen* in der Lage sind.

Eine ihrer Lieblingsthesen zur Aufwertung ihrer marktwirtschaftlichen Eignung heißt: «Leben im Sozialismus macht kreativ.» Sie könnten aus Scheiße Gold machen, das habe sie die Mangelwirtschaft gelehrt. Tatsächlich entwickelten sie frappierende Lösungen, mit Ersatzstoffen Gebrauchswert zu simulieren: Ochsenblut zur Nachdunklung von Kakao und Schokolade, Gurkenschalen anstelle von Zitronat, und wer weiß, was alles in der Cola war... Der Sozialismus war auf maximale Resteverwertung aus. Man kann sagen: Vom geschichtsphilosophischen Sinn einmal abgesehen, den er sich selber unterstellte, hatte der Sozialismus den Sinn, seine Reste zu verwerten. Dem ist die Marktwirtschaft eine ganze Epoche hinterher. Erschüttert stehen die Ostler vor der Tatsache, daß das, was sie am besten können – Abfall veredeln – im Wirtschaftskreislauf des Kapitalismus nicht vorgesehen ist, vor allem nicht mitten in einer Absatzkrise. Auch das Abfallverwertungssystem des Ministers war ihrem Maximalismus, ihrer hundertprozentigen Hinwendung zu guten Taten nicht gewachsen, es rechnete eher mit Bürgern ohne missionarischen Eifer, es brach zusammen. Die industriellen Wiederverwerter weigerten sich, die Massen Joghurtbecher aus dem Osten abzunehmen, weil sie sich dafür nicht hinreichend bezahlt sahen. Doch im Osten sammelte man weiter, solange kein Stopp *von oben* kam, und man hätte wohl auf diese Weise die stolze Bundesrepublik zugemüllt.

Als der Müllminister erbleichte, waren wieder Ostler zur Stelle. SERO, das Sekundärrohstoff-Erfassungssystem aus Planwirtschaftszeiten, müsse wieder her (man sagte in der DDR nicht Müll, weil man die Werktätigen schlecht auffordern konnte, im Müll zu wühlen). Zentralismus, Abgabesolls, Sanktionen, Flaschensammelecken in den Klassenzimmern, Wanderfahnen und vaterländische Verdienstorden für heldenhafte SERO-Erfasser – es war nicht alles schlecht. Auch der saarländische und der niedersächsische Umweltminister entdeckten plötzlich das Gute und Schöne an der DDR. Und um ein Haar hätte es geklappt: Die OMs hätten sich eine Kollektiv-ABM auf den Kippen der deutschen Müllverwertung gesichert. Leider hat Töpfer für sein «Duales System» noch irgendwo Geld aufgetrieben, so waren alle Initiativen vergebens.

Ohne uns machen die Westler eh alles falsch. Die dünkelhaften Zweireiher mit dem Anlageberater-Deutsch sind den einfachsten Dingen des Lebens nicht gewachsen. Ohne grünen Pfeil für Rechtsabbieger an den Ampelkreuzungen, eine Perle ostdeutscher Zivilisation, ist eben ein moderner Staat nicht mehr zu führen. Ohne das von unseren Geistesschaffenden der Natur abgetrotzte Impfserum gegen Salmonellen in Hühnereiern – von der westdeutschen Pharmaindustrie bis heute ignoriert – kriegen sie eben die Diarrhöe. Ohne das Sandmännchen des Fernsehens der DDR sind Kinder nicht in einen gesunden Vormitternachtstiefschlaf zu kriegen. Solange die DDR-Null-Promille-Ordnung im Straßenverkehr nicht großdeutsches Recht ist, sterben Menschen sinnlos auf den Straßen. Und wenn der Palast der Republik abgerissen wird, dann wird die Rache der Natur an den Westlern furchtbar sein – Berlins Mitte wird versteppen, das Grundwasser wird ihnen davonlaufen.

Um all das toben ideologische Kriege. Die Mauern des Palastes der Republik – wahrlich ein profanes Bauwerk – werden verteidigt, als zöge eine auf wundersame Weise intakt gebliebene Deutsche Demokratische Republik ins letzte Gefecht. Der Verzehr einer Spreewaldgurke, ein veritabler Suff mit *Bier von hier*, das längst einer Westberliner Brauerei gehört, oder das Absingen alter DDR-Schlager («Ich geh vom Nordpol zum Südpol zu Fuß») kräftigen die Widerstandsfähigkeit gegen die Täter von «drüben». Die Ostdeutschen – im Bundesdurchschnitt überaus aktive Kartoffelverzehrer – können heute voller Stolz einen Sieg verzeichnen, den sie bei der Erhaltung ihrer Identität errungen haben: Die Kartoffelsorte «Adretta» hat die Revolution nicht aus den Furchen der Bördeböden verbannen können. Zu den sogenannten Ospro-Märkten, wo es Burger Knäckebrot und Sebnitzer Kunstblumen zu holen gibt, wallfahren die Leute wie nach Altötting. Und überall ruft man einander Mut zu: *Alles wollen sie uns nehmen* – von der Seife aus dem VEB Kombinat Berlin-Chemie bis zum Thälmann-Denkmal. Der gelernte OM nimmt's als Indiz für sein Erwähltsein: Sie fürchten unseren Grünpfeil, also fürchten sie unsere Stärke. Die besseren Deutschen sind wir.

Es ist leicht, die Ostdeutschen in ihrem Sendungsbewußtsein zu bauchpinseln. Von Opfern zweier Systeme mutieren sie langsam zu Wählern. Konsumenten sind sie schon, unter anderem von Zeitungen. Die «Neue Zeit» zum Beispiel, das hurtig gewendete CDU-Blättchen des Gerald Götting, für das die Zeit immer neu ist, gibt sich als einzige überregionale «unabhängige Tageszeitung» für den Osten aus. Sie ist im Besitz der FAZ. Aus heiterem Berliner Himmel erschien sie eines Tages auf grünstichig-blauem Zeitungspapier. Nun kann ja im *Berliner Zeitungskrieg* jeder Verleger machen, was er will. Er kann sein Blatt wie einen Rollmops rollen, viereckige Gucklöcher hineinschneiden oder es in Spiegelschrift drucken. Aber die Leute von der «Neuen Zeit» setzen auf das verschwitzte Selbstmitleid ihrer traditionell subalternen Leserschaft aus dem Blockflötenorchester.

Dabei stehen sie nicht an, die verschreckten Ostler als Innovatoren deutscher Schönheit und Größe zu präsentieren. «Das Blaue Wunder», läßt der Verlag im Osten auf Breitwand plakatieren: der blaue Zeitungsladenhüter als Entschädigung dafür, daß es bisher mit den Wundern der Einheit nichts geworden ist. «Dieses Mal soll der Neuanfang gelingen, nicht nur für die Zeitung, sondern für das wiedervereinigte Deutschland», salbadert die Chefredaktion. Nicht etwa, daß diese Republik ins Blaue hinein regiert, daß den Ostlern das Blaue vom Himmel gelogen wird, nein, Blau wurde gewählt, weil «das die Farbe der Uniformen war, die der große Kurfürst einführte». Man hält sich zugute, daß das Blatt (noch) «ordentlicher geworden» ist, eine ordentliche Zeitung für ordentliches Denken, worin man sogar noch dem Westler was vormachen kann: «Die ‹Neue Zeit› führt heute den Beweis, daß aus dem Osten Neues kommen kann. Der Aufbau birgt die Chance, einfallsreich und zukunftweisend und damit vorbildlich zu sein.» Jetzt wird der Mitleser zum gesamtdeutschen Vorbild erklärt, zum Aktivisten, zum Retter des Wirtschaftsstandorts Deutschland. Und das alles, weil das Käseblättchen blau ist.

Und die OMs glauben gern an ihre wundersame Verwandlung von Schmarotzern der Bananen-Revolution und Erziehungsobjekten der westdeutschen Herrenreiter zu kraftstrotzenden Akteuren des politischen Prozesses. Bis heute werden sie von den Schönrednern des Herbstes 89 mit dieser Illusion gefüttert. Ihre Heldenkarriere als Mauerspechte habe gezeigt, so etwa Wolfgang Thierse, «daß es sich um eine politisch reife Bevölkerung handelt» – zu jenem kollektiven Schwachsinn fähig, von dem die meisten Westdeutschen insgeheim gehofft hatten, daß er sich vermeiden ließe.

Drei Jahre lang haben die Ostdeutschen unter der westdeutschen Plattmachermentalität mehr oder weniger stumm gelitten. Nun aber, *Volk steh auf*, rappeln sich die Westentaschen-Prometheuse. Die DDR entsteht noch einmal als Protest gegen eine Zivilisation, in der nur noch die Spülmechanismen der Pißbecken auf Körperwärme reagieren. Ein Land ist das gewesen! Da mußten die Romane «nicht so schnell zum Schinder» (Hermann Kant), da wußte man noch, «wozu Theater überhaupt noch gut ist» (Heiner Müller). Dort lebte gesunden Bluts auf kollektivierter Scholle ein Volk voll Güte, Herzenswärme, Heimatliebe. Das Echte – Seele und Ursprünglichkeit – gegen das Surrogat – Zynismus und Konsum. Das alles ist zumindest so wahr, daß es noch lange erzählt werden wird.

In ihrem Krampf, die besseren Deutschen, die ideale Verfügungsmasse für ein neues, schönes Vaterland sein zu wollen, betonen die OMs penetrant ihre psychische Unversehrtheit, aus der ihr Gestaltungswille wächst. Daß sie aus der Diktatur eine Macke davongetragen haben, diesen Mitleidsbonus beanspruchen sie neuerdings nicht mehr, traurig waren sie, ja, aber nicht verrückt.

Als noch ganze Mitläuferfamilien im Schaufenster des BMW-Händlers probesaßen und «brumm, brumm, brumm» machten, sprachen Therapeuten vom «Gefühlsstau». Wer so lange in einer Diktatur gelebt habe, müsse notgedrungen verwirrt sein. Plötzlich wußten die OMs nicht mehr, was gut ist und was böse, daß man sich nicht an Kindern vergreift, daß die Erde eine Kugel ist und daß man von Mensch zu Mensch auch anders als im Befehlston reden kann. Mit diesem Jagdschein ausgestattet, beharrten sie darauf, nicht zu begreifen, was die Wessis überhaupt von ihnen wollten.

Damals konnten westdeutsche Familienangehörige noch die Hoffnung hegen, daß sich das Thema ostelbische Verwandte früher oder später von selbst erledigen würde – so viel Leid, wie die hatten ertragen müssen, das hält keine Seele aus. Der Hallenser Therapeut Maaz weckte mit seinen klinischen Protokollen von Sachsen, die in die Kissen seiner Couch geweint und sich allesamt als «zwanghafte Charakterdeformationen» vorgestellt hatten, leichtfertig die Aussicht, einheitsbedingte Probleme würden sich durch die fortschreitende Debilisierung des ostdeutschen Volkskörpers von selber lösen. Die Westdeutschen wiegten sich in Sicherheit.

Eine Fehleinschätzung, wie man heute sieht, die die Position des Westens im Verteilungskampf empfindlich schwächte. Neuesten Untersuchungen zufolge, die die OMs in ihrem Regionalorgan «Berliner Zeitung» triumphierend mitgeteilt haben, sind sie monsterhaft gesund. Im Unterschied zum flatterhaften, vergnügungssüchtigen Altbundi «kontrollieren sie stärker ihr Verhalten, streben nach Recht und Ordnung», suchen beständige Werte in selbstloser Arbeit für die Volksgemeinschaft. Die These, sie neigten übermäßig häufig zum Suizid, konnte nicht verifiziert werden. Die Wissenschaft ist davon abgekommen, das einsame Sterben der Ostler an Brandenburger Alleebäumen, eingezwängt in Westkarossen, als versteckte Selbsttötung zu dramatisieren.

Warum auch sollten die OMs freiwillig von dieser Welt gehen? Sie haben doch alles noch vor sich.

Vom Jammerossi zum Vorzeigedeutschen

Die Westdeutschen waren 1989, nach sieben Jahren der Regierung Kohl, in der Durchschnittlichkeit gelandet. Nach dem *Wirtschaftswunder* im autoritären Adenauerstaat, nach den siebziger Jahren der kontroversen gesellschaftlichen Neuorientierung war das Gemeinwesen der Westdeutschen im vierten Jahrzehnt zur Republik des Mittelmaßes und der Mittelmäßigen verkommen. Eine mittlere Zufriedenheit, ein lauer Konsens hielt die Gesellschaft bei mittlerer Temperatur. Die an Alternativen armen, phantasieschwachen westdeutschen Autisten nennen diesen Zustand bis heute gern – in heilloser Verwirrung der Begriffe – «liberal». Die Konditionen des Bausparvertrags, die Prämien der Lebensversicherung, die Kreditzinsen bildeten die Skala auf ihrer Lebensuhr. Die Eckdaten der Bürgerlichkeit waren und sind ihnen tief ins Zifferblatt gegraben, auch wenn es nachgespannt ist wie bei der Knef oder den Kessler-Zwillingen. Der Bürger flog auf die deutschen Inseln vor Afrika, schärfte seinen Verstand im Umgang mit der Steuer und pflegte seine Seele in der Meditationstherapie.

Die ehemaligen APOs – auch im Westen gibt es sie, die Ehemaligen – waren zu Sesselwärmern geworden und bestätigten einander, der Bundesrepublik zu einem hohen Grad von Zivilisiertheit verholfen zu haben. Die Witzzeitungen des Kontinents neigten dazu, im aggressiven Kleinsparer und Exzeßtouristen das Ebenbild des Deutschen zu entdecken. Das war natürlich daneben. Der Bundesdeutsche der achtziger Jahre war eher der Gesamtschullehrer mit Einkindfamilie samt Passat im Reihenhäuschen. Der hatte allerhand alternative

Lebensformen durchprobiert, hielt nach wie vor am Müsli fest und war wild entschlossen, alles und alle *ungeheuer lieb* zu finden. Von den Politikern erhoffte auch er keinen besonderen Ehrgeiz, sondern höchstens eine mittlere Tapferkeit, die Kunst, Korruption nicht öffentlich werden zu lassen, und Fähigkeiten, die nicht gleich in Talente ausarteten. Es blieben genügend Felder, Betroffenheit zu demonstrieren, lokale Bürgerinitiativen gegen Atomkraftwerke etwa oder gegen das Fröschesterben auf niedersächsischen Landstraßen. Die Medien vermittelten die Illusion der totalen Durchschaubarkeit und des immerwährenden Beteiligtseins, der sich stets wiederholenden Totalität. Im sich selbst regulierenden, feinziselierten Mechanismus des Interessenausgleiches fanden alle die Chance, sich in jener Mitte aneinanderzukuscheln, aus der Regierung und Opposition ihre Wähler schöpften.

Die Kleinbürgerklasse in beiden Deutschländern war längst vereinigt: im Mittelmuff, in der Idylle, jede in der ihren, vom *Eisernen Vorhang* nur scheinbar getrennt.

Da aber trat der OM als tückschendes, trotzendes, moserndes und maulendes Subjekt der bundesdeutschen Geschichte bei. Die Ossifizierung der Bundesrepublik begann mit aller erdenklichen Hingabe an den, der sich bis heute für den Sieger der Geschichte hält. Geübt darin, wie man Befreier empfängt, veranstalteten die OMs sofort Jubelfeiern mit Schaumwein und Feuerwerk am Brandenburger Tor, schickten die weiblichen Werktätigen zum Fraternisieren mit westlichen Leihbeamten und räumten ohne ersichtlichen Widerstand alle strategisch entscheidenden Schreibtische. Von 2,5 Millionen SED-Mitgliedern trennten sich 2 Millionen von ihrer Biographie wie von einer durchgescheuerten Unterhose (wenig später würden sie dann schreien: Man hat uns unsere Biographien genommen). Die Blockflöten gaben – je nach Klubzugehörigkeit – an, schon immer viel lieber von Lambsdorff, Kohl oder Strauß geblasen worden zu sein als von Honecker.

Die Infiltration der westdeutschen Beschaulichkeit stand unter dem Motto «Alles oder nichts»; noch einmal wollten sich die OMs nicht verschaukeln lassen. Spätestens als die Bananenpreise stiegen, so spottete Gregor Gysi über seine unangenehmen Landsleute, war für sie die Geschäftsgrundlage des Einigungsvertrages einseitig durch die Westler aufgekündigt worden, und der Kampf konnte beginnen. Vorbei war's mit der Idylle, auch wenn das viele Westdeutsche bis heute nicht wahrhaben wollen; je weiter entfernt von der Demarkationslinie sie leben, desto naiver sind sie.

Der Neid auf den Vetter aus Dingsda, die massenhafte Autosuggestion, um das *Eigentliche* im Leben betrogen worden zu sein, verbanden sich mit dem Stolz auf die *Erfolge und Errungenschaften des Sozialismus*, die allerdings im direkten Systemvergleich schon bald auf der Strecke blieben. So begnügten sich die OMs zunächst damit, sich Annehmlichkeiten des westdeutschen Profanstaates wie die gebratenen Tauben ins Maul fliegen zu lassen. Die Haltung war: «Jetzt sind wir da, nun schenkt uns was», das machte sie heiter und locker.

Zu Beginn seiner gesamtdeutschen Karriere hat sich der OM der Regierung Kohl als Demonstrationsobjekt angedient. Überredet werden mußte er dazu nicht, denn der Kanzler war für ihn längst an die Stelle der verblichenen Partei- und Staatsführung getreten. Mit dem Unterschied freilich, daß Ulbricht und Honecker alle Wunder nur versprochen hatten, während der Kanzler schnell eines vollbrachte, ein ausgewachsenes von einer Schönheit, daß es alle Träume der Parteilehrjahrsschläfer vom kommunistischen Paradies auf Anhieb verblassen ließ.

Auf die bescheiden, allerdings nachdrücklich und im Chorus vorgetragene Petition «Helmut, nimm uns an der Hand und führ uns in das Wirtschaftswunderland» antwortete der Kanzler nämlich nicht nur mit Rührung und diversen «Moses-mahnt-zum-Aufbruch-ins-Gelobte-Land-Auftritten» (Wilhelm Bittorf), sondern mit einem monetären Schöpfungsakt: der Verwandlung des DDR-Spielgeldes in westliche Kaufkraft. Solch einem Mann wäre auch ein gewitzterer Menschenschlag gefolgt.

Zu beweisen war, daß *der Souverän* im vereinigten Deutschland künftig noch mehr als bisher als Trottel behandelt werden kann. Gelogen («viel versprochen») wurde in westdeutschen Wahlkämpfen schon immer, und die Wähler haben die Mühe, die man sich mit ihnen machte, stets dankbar registriert. Bei den Wahlen zum

12. Deutschen Bundestag aber hat Helmut Kohl ungeniert das *Bekenntniswählen*, das *Faltengehen* der gelernten OMs aus dem Beitrittsgebiet gefordert. In Zukunft können sich Politiker die Anstrengung schenken, wenigstens den Schein der Wahrhaftigkeit und der Seriosität zu wahren.

Wie einst die SED-Führung lieferte Kohl mit dem eher lustlosen Versprechen einer glücklichen Zukunft aller Werktätigen (und Arbeitslosen) – «niemandem wird es schlechter gehen», «in zwei, drei Jahren werden hier blühende Landschaften sein» – nur den Wahlvorwand. Auf den Inhalt der Wahllüge kam es dabei gar nicht an: Wenn Kohl prophezeit hätte, es würde hinfort Vanillezucker schneien, wäre das auch gegangen. Die OMs hatten ja das Pförtchen ihrer Kleingartenkolonie nicht durchbrochen, um die Machtverhältnisse in der Bundesrepublik umzustülpen, sondern um bei ihr unterzukriechen. Deshalb lieferten sie dem Bundeskanzler im nassen Dezember 1990 mehrheitlich das Muster einer Wahl, wie sie sie kannten.

Im Autoritätsstaat gehört es zu den Spielregeln im pfleglichen Umgang mit der Führung, daß die Bevölkerung ihren Glauben an die Parolen oder, wie es in der DDR hieß, ihre «tiefe, unerschütterliche Überzeugung» simuliert. (Auf die Techniken der Simulation in Alltag und Politik der Ostdeutschen hat zuerst Henryk M. Broder hingewiesen.) Gerade weil sie die Erfahrung der sozialistischen Demokratie mit einbrachten, war allen OMs klar, daß es sich bei den Wahlen zum ersten gesamtdeutschen Bundestag um einen höchst pragmatischen Vorgang handelte: Man sichert per Akklamation die Macht der Führung und sich selbst im Gegenzug die Kontinuität der Mitläuferschaft. Den Mitläufern aus der alten DDR braucht niemand mehr etwas über Demokratie zu erzählen. Ach, so heißt das jetzt? sagen sie.

Nicht daß die Landschaften, statt zu erblühen, verdorrten, warfen sie hernach der Regierung übellaunig vor – das Verständnis dafür, daß der Kanzler zu sehr auf den Pudding gehauen hatte, war verbreitet, und die Metapher war ja auch weit genug auslegbar –, sondern daß ihrem Drang, die Lebensweise der westlichen Kleinbürger sofort und vollständig zu kopieren und sich ohne Kauen und Schlucken durchs Wirtschaftswunderland zu fressen, enge ökonomische Grenzen gesetzt waren. Erst als sie das merkten, begannen sie zu zetern.

Heute, 1994, im *Schicksalsjahr der 19 Wahlen*, fordert Kohl die autoritätsstaatliche Demutswahl, deren er sich bei den Ostdeutschen abermals sicher weiß, ungeniert von allen Deutschen ein. Wie Honecker verkündete, zur «Macht der Werktätigen, ihrer marxistisch/leninistischen Partei mit dem Politbüro und seinem Generalsekretär an der Spitze» gäbe es keine Alternative, so dichtet Kohl seit der Feier seiner zehnjährigen Kanzlerschaft im Oktober 1992 seinem Talent, einfach da sitzen zu bleiben, wo er nun einmal sitzt, schicksalhafte Beständigkeit an. Die Tatsache, daß ihm ein ganzes *Volk von Revolutionären* aus der Hand gefressen hat, gibt ihm, dem Kanzler der Einheit, die Aura der Erwähltheit vor ostdeutschem Volk, zweistaatlicher Geschichte und geeintem Vaterland.

Selten hat eine politische Klasse so vordergründig und platt den Mitläuferqualitäten des Volkskörpers geschmeichelt wie die Bonner Parteien den heimgeholten Ostdeutschen im *Superwahljahr*. Noch nie hat eine deutsche Regierung (und die arbeitsteilig einbezogene Opposition) so enthemmt auf die Kontinuität eintrainierter Ergebenheit zum Obrigkeitsstaat gebaut – «die Kontinuität ist die Zerstörung», sagt Brecht.

Und die Mitläuferschaft selbst entfaltete jede nur denkbare Energie, ja Kreativität, um sich als *Mitte der Gesellschaft* zu formieren und damit Duckmäusertum und politische Verfügbarkeit als neuen zivilisatorischen Standard für alle Deutschen zu etablieren. Ein gegenseitiges Geben und Nehmen hat die Adepten des Autoritätsstaates aus allen politischen Lagern und die heimgeholten OMs zusammenrücken lassen, und wir erleben eine Liebesbeziehung zwischen oben und unten von nicht mehr für möglich gehaltener Innigkeit, ein gegenseitiges Betasten der erogenen Zonen vor aller Augen, ein Turteln und Seufzen.

Denn für die politische Klasse ist klar: «Die Wahlen 1994 werden im Osten gewonnen» (Thierse). Deutlich über die Hälfte aller Wahlbürger in den fünf neuen Ländern waren noch im Dezember 1993 unschlüssig, ob sie 1994 überhaupt wählen gehen würden. Die OMs warteten auf ein beherztes Signal, das ihren Führungsanspruch akzentuiert. Man darf sie nicht enttäuschen. Gewiß, so richtig mag diese Leute in ihrer Ängstlichkeit und Spießigkeit und Heuchelei niemand. Und gerade Helmut Kohl hat ein feines Gespür dafür, daß ihn seine angestrengten Liebesbeweise für den Ostler im Westen lächerlich machen (angeblich ficht ihn so etwas nicht an). Anderseits ist es nun einmal Tatsache, daß der bräsige Haufen der Opportunisten in jeder Bevölkerung die einzig zuverlässige Mehrheit bildet. Mit ihr ist alles zu gewinnen, ohne sie ist alles verloren. Die Androhung von Wahlverweigerung – in der DDR als Mittel der Erpressung vielfach erprobt – ist die einzige Chance der Frustrierten, Zuwendung zu ertrotzen.

Die Wahlkämpfe im ungeratenen Osten der Republik werden nicht auf einen Schacher um Wechselwähler hinauslaufen, wie das in der alten BRD bequemerweise der Fall ist. Im Westen kann man über die Nuancierung von sogenannten Sachaussagen und die Beschädigung von Gegenkandidaten Seelen aus den konkurrierenden Lagern abziehen. Im Osten aber sieht sich die politische Klasse einer nach Millionen zählenden Masse gegenüber, die sich selbst als klar definiertes Kollektiv begreift (wir betrogenen DDR-Bürger) und mit ihrem anfallartigen Austritt aus der Gesellschaft droht. Um welche Sachaussagen könnte es denn auch gehen, was wäre den Ostlern noch zu versprechen? Die Industrie ist irreparabel tot. Beinahe die Hälfte der einst stolzen 9,7 Millionen Werktätigen sind aus dem Arbeitsprozeß geflogen. Die einzige Forderung, die sie noch haben: Laßt uns wenigstens Konsumenten bleiben! Die Botschaft, die in dieser Situation steckt, lautet: Wer uns umwirbt in unserer gemeinsamen Eigenschaft als OMs, der kann uns alle kriegen.

Aber nicht nur numerisch, sondern in den alten Ländern vor allem atmosphärisch hängt 1994 vieles von den OMs ab. An Ruhr, Saar und Isar ist auch wahlentscheidend, ob den Leuten dort ihre Angst vor den dräuenden Stämmen im deutschen Osten genommen werden kann und ob die traumatische Erfahrung der letzten vier Jahre durch propagandistischen Aufwand im Wahlkampf kompensierbar ist. Denn das ist das Trauma der vereinigten Deutschen – daß aus «Deutschland, nun freue dich», dem «Ah!» und «Oh!» beim fröhlichen Knattern der Böllerchen ein Bürgerkrieg geworden ist, geführt mit allen Mitteln, auch den barbarischsten. Der Kanzler der Einheit wird sich aus seinem Bonner Bungalow schleichen und fortan in der politischen

Landschaft marodieren müssen wie ein Schlüsselkind auf der Gasse, sollte es ihm nicht wenigstens zeitweilig gelingen, die der äußeren Einheit folgende innere Zwietracht schönzureden.

Immer ungenierter appelliert deshalb die politische Klasse an das kollektive Selbstwertgefühl des OM, an seine wenigen ausgeprägten Talente – zu spüren, wo die Macht ist, und zu ahnen, was von ihm verlangt wird. «Wir müssen das Wir jetzt ganz groß schreiben», sagte Kohl auf einem kleinen CDU-Parteitag 1993. Die Ostler schließen daraus, daß ihre in vierzig Jahren DDR tradierte Gesellschaftsauffassung hoch im Kurs steht. *Vom Ich zum Wir* zu schreiten, bürgerlichen Individualismus zu überwinden und sich den *Erfordernissen der internationalen Klassenauseinandersetzung* unterzuordnen, war vornehmstes Erziehungsziel in der DDR. Diese Erfordernisse heißen heute nur etwas anders, nämlich Kampf um die Wettbewerbsfähigkeit der deutschen Industrie.

Neuerdings läßt der Bundeskanzler keine Gelegenheit verstreichen, die Kollektivmenschen des Ostens zu hofieren. Zunächst betrieb er die Sache indirekt: Verantwortungsgefühl und Moral der Deutschen seien verkommen, Partikularinteressen stünden im Vordergrund. Das war Balsam auf die ostdeutschen Wunden. Für die Ostdeutschen war schlagartig klar: Hier meint unser Kanzler den alten und neuen Feind, die arroganten Alleskönner im Westen, die uns als die Gartenzwerge der deutschen Nachkriegsgeschichte verhöhnen.

Die Wochen- und Lebensarbeitszeit sei die kürzeste in der Welt, die Deutschen machten zuviel Urlaub beziehungsweise blau, die Maschinenlaufzeiten seien weltweit die kürzesten, die Ansprüche die höchsten, wetterte Kohl. Dabei vergaß er nie hinzuzufügen, dies seien «überwiegend Probleme der alten Bundesländer, die sich über einen – manchmal jahrzehntelangen – Zeitraum aufgestaut haben». Für die Ostler entwarf er das Bild eines in vier Jahrzehnten BRD leistungsentwöhnten, im Wohlstand arrivierten, durch Freizeit degenerierten westdeutschen Arbeitnehmers, der sich bei jeder Gelegenheit verpißt. «Besitzstände müssen auf den Prüfstand gestellt werden», heißt die Formel, die im Neid-Krieg gegen die Westler den OMs wie gerufen kommt. Und damit sie sie auch wirklich zu würdigen wissen, erklärt Wolfgang Schäuble den Dümmsten unter ihnen: «Damit meine ich nicht die Menschen in den neuen Ländern, sondern in den alten Ländern.»

Den Gipfel der Denunziation seiner westdeutschen Landsleute erklomm Helmut Kohl, als er in einer Regierungserklärung im Oktober 1993 von der BRD als einem «kollektiven Freizeitpark» sprach – eine sorgfältig gebaute verbale Aggression. In Anspielung auf den pompösen Saurierfilm unterstellte der Kanzler, die Bundesdeutschen (alt) seien auf die menschheitsgeschichtliche Vorstufe eines Quasi-Saurier-Sozialismus gefallen. Die OMs schlugen einander stolz auf die Schulter: Bei uns haben wir den Sozialismus ausgetrieben, «drüben» hat er sich festgesetzt. Recht hat er, der Kanzler, im Osten leben die fleißigeren Menschen. Kommt Rettung, kommt sie von hier.

Arbeitszeit ist Leistungszeit – diese Parole aus den frühen Achtzigern, eine umwerfend komische Selbstentlarvung des Kleinbürgersozialismus, kommt zu neuen Ehren. Jetzt schleudern die Ostdeutschen sie den Leistungsverweigerern im Westen entgegen. Was für den Westler Verfassungspatriotismus ist, heißt für den Ostler Leistungspatriotismus. Nur schade, daß sie das ihrer neuen Partei- und Staatsführung mangels Arbeitsplätzen zur Zeit nicht beweisen können.

Inzwischen läßt sich der Bundeskanzler in seiner Hinwendung zum Ostler von niemandem mehr übertreffen. 1992 waren noch eine «ostdeutsche Gruppe» innerhalb der CDU-Fraktion des Bundestages (Leitung Günter Krause) und ein «ostelbischer Verbund» der FDP nötig, um eine Lobby für die OMs zu schaffen. Diese streitbaren Bataillone sind längst wieder aufgelöst. Heute nimmt sich der Kanzler seiner Lieblingskinder direkt an.

Würde seine Kinnpartie mitspielen, hätte Helmut Kohl längst einen Wendehals. Nach dem Anschluß der deutschen Ostgebiete hat er seiner dortigen Gefolgschaft gegenüber mindestens drei Wenden vollzogen:

Zuerst, als die OMs noch glänzende Äuglein und rote Bäckchen hatten, versprach er ihnen das Blaue in den Bitterfelder Himmel hinein. Nachdem dann der erste Schub der Gutwilligen sein Jahr Arbeitslosigkeit abgerissen hatte, machte sich Trübsal breit in östlichen

Gefilden. Die C & A-gewandeten, widernatürlich riechenden und unangemessen locker daherschwatzenden westdeutschen Leihbeamten, die durch die ruinösen Städte schritten, verursachten beim Ostler im Wechsel Würgekrämpfe und Lachanfälle; sie machten ihn physisch unfähig, beim Aufschwung mitzuschwingen. Die unerträgliche Langsamkeit des Seins, der erprobte Biorhythmus der DDR, wurde durch Boykott auf allen Ebenen wiederhergestellt, nach dem Motto: «Wir machen doch zum ersten Mal Kapitalimus, das muß ja schiefgehen.» Als Vergeltung erfand Helmut Kohl im Sommer 1992 die *Erblast* einer maroden Industrie, die Honecker und Mittag tückischerweise seiner Regierung untergejubelt hätten. (Für diese Blasphemie wiederum entging er in Halle nur knapp dem Todesschuß durch ein salmonelleneiterndes Ei.) Das implizierte den Appell an *unsere Landsleute drüben*, maß- und maulzuhalten. Das taten sie denn auch, das heißt, sie brabbelten selbstvergessen vor sich hin von der Mißwirtschaft, die die Kommunisten hinterlassen hätten, und von der rassetypischen Gemeinheit der Russen, die jetzt keine Waschgeräte aus Schwarzenberg und keine Büromaschinen aus Sömmerda mehr kauften.

Der Kanzler hatte den Ostlern eine Legende geboten, und sie erzählten sie fleißig nach. Es war schon fast eine Dolchstoßlegende: Wie schrecklich runtergekommen die olle DDR war, das hatte sich der gute Kanzler eben nicht träumen lassen, als er die Zwangsehe der Deutschen schloß. Die Mitgift der Ostler erwies sich als ein mit Schwermetallen belasteter Misthaufen hinterm Haus. Von ihrem verflossenen Arbeitsleben redeten die OMs fortan, als hätten sie nicht in einem Industriestaat gelebt, dessen Produktivität mit der Österreichs oder Belgiens vergleichbar war, sondern in einer nordchinesischen Provinz, wo zwölf Mann um eine Schaufel standen. Wie Schuppen fiel es ihnen von den Augen: Eigentlich war ihre sozialismustypische Abduckerei, ihre turnusgemäße Krankschreibung (im Lenze, weil der Garten zu bestellen war) wenn nicht eine Form von Widerstand, so doch eine «unwahrscheinlich verdeckte Arbeitslosigkeit» gewesen. Unterm Strich konnten sich viele nur daran erinnern, im Betrieb immer den Hof gefegt zu haben.

Von den 600 Milliarden bis 1 Billion DM produktiven Vermögens, das westdeutsche Gutachter zum Datum der Währungsunion im Osten geschätzt hatten, war bis dahin schon allerhand verschleudert, in den Westen verschoben oder aus Gründen der Wettbewerbsfähigkeit liquidiert. Just als die westdeutschen Banken und Versicherungen, Automobilkonzerne, Nahrungsgüterproduzenten und Handelsketten – selber fast erschrocken – die Gewinne veröffentlichten, die sie aus der Währungsunion gezogen hatten, als klar wurde, daß ein Vermögenstransfer von Ost nach West stattgefunden hatte, den keine Kolonie, kein von fremden Mächten infolge von Kriegshandlungen besetztes Territorium in der jüngeren Geschichte erleiden mußte, hatte der Kanzler eine Intuition: Der *Solidarpakt* war erfunden. Als das Wort «Solidarität» fiel, war für die Mitläufer der angeblich verblichenen DDR klar, was die Stunde geschlagen hatte. Viele von ihnen waren es über Jahrzehnte gewohnt, bei dieser Vokabel ihr Geld festzuhalten.

Mit dem Solidarpakt wurde der *Jammerossi* vom Bundeskanzler in den Rang einer geschichtsmächtigen Figur erhoben. Seine bloße physische Anwesenheit wurde zum moralischen Imperativ für die Westdeutschen – auch wenn er nicht als windschiefes Ausrufezeichen durch die westdeutschen Fußgängerzonen schlich, sondern zur Freude der Altbundis zu Hause blieb in Crimmitschau und Parchim.

Der Ostler, der – so Helmut Kohl plötzlich – «oft seine besten Jahre» in der Diktatur verbracht hat und «nicht weniger fleißig» als der Westler gewesen war, nun aber ratlos auf den niedergebrannten Grundmauern der sozialistischen Industrie und Landwirtschaft hockte, durfte nicht länger leiden unter den «strukturellen Problemen, die sich in den alten Bundesländern aufgestaut haben». Große, runde, hungrige Ossiaugen schauen dich an! Wenn es den kranken Ostler nicht gegeben hätte – die Koalition und die SPD hätten ihn erfinden müssen, um allen unterprivilegierten Deutschen Arbeitslosengeld und Sozialhilfe, Wohngeld und Kindergeld, Schlechtwettergeld und Wiedereingliederungsunterstützung, Arbeitsbeschaffungsmaßnahmen und Umschulungskurse zusammenstreichen zu können. Das erklärt, warum der Jammerossi, von dem der durchschnittliche Bundesbürger (alt) Sodbrennen bekommt, wenn dieser nur die Stimme erhebt (zum Beispiel die Stimme der Regine Hildebrandt), bei Koalition und SPD so hoch im Kurs steht. Sein Greinen gilt als Volksstimme, als Artikulation von Wählerwillen.

Im September 1993, als Wolfgang Schäuble auf dem Berliner CDU-Parteitag dem deutschen Volk die Tugenden des Soldatenkönigs abverlangte, Sparsamkeit und Unterordnung unters nationale Ganze – sangen die Jammerossis dazu im Background.

Da ist es dann auch egal, ob von links geklagt oder von rechts mit der «sozialen Argumentation» gepöbelt und gerülpst wird. Der Staat nimmt beides gleichermaßen als Aufforderung, den Untertanen die Gürtel aufs letzte Loch zu schnallen.

Auf diese dubiose Weise hat der OM, dieses in die BRD übergelaufene Mittelmaß, im Verein mit seinen mittelmäßigen Führungsoffizieren in der Bonner Koalition seinen ersten Sieg über alle ertrotzt.

Bei jeder dieser Wenden waren die Kleinbürger im Anschlußgebiet als erste zur Stelle, der neuen Order zu willfahren. Jeder Appell trug Früchte, auch der an ihren Stoßarbeiterehrgeiz («Ärmel aufkrempeln!»). Als die Unternehmerverbände 1992 verlangten, aus Ostdeutschland ein Sondertarifgebiet zu machen, ein Billiglohnland per Gesetz und für lange Zeiten, waren, sehr zur Überraschung traditionalistischer Gewerkschaften, noch bestehende Betriebskollektive gleich freudig dabei. *Was uns nicht umhaut, macht uns hart.* In einigen Betrieben sollen sich die OMs per Schwur auf den über die Zeiten geretteten Brigadewimpel zu Hungerlöhnen verpflichtet haben. Das Versprechen, man wolle sie innerhalb von zwei Jahren zu den Löhnen ihrer Klassengenossen im Westen emporheben, wurde zwar schon frühzeitig von den Wirtschaftsstrategen der Koalition verflucht. Aber die Bevölkerung beugte sich in masochistischer *Einsicht in die Notwendigkeit*. Das war oft geübt und brauchte eigentlich keine weitere ideologische Verbrämung.

Gefragt hat sie niemand – sie antworteten trotzdem: Eine ostwestdeutsche, mithin schon volksgenossenschaftliche Elite von notorischen Festrednern brachte den Opferkult anläßlich des Systemwechsels auf den neuesten Stand. Edzard Reuter, Richard Schröder, Helmut Schmidt, Wolfgang Thierse und Gräfin Dönhoff haben gemeinsam gekreißt, flach geatmet und «die neue deutsche Verzichtsmoral» entbunden. Warum? Na, «weil das Land sich ändern muß» (Ein Manifest, Rowohlt 1992). «Wir hatten gehofft, das Ende der DDR... werde eine allgemeine Aufbruchstimmung zeitigen. Statt dessen macht sich resignierende Unlust breit.» Und das muß sich ändern. Die Elite will Lust machen auf Dienstverpflichtung, Verlängerung der Lebensarbeitszeit, Demut und Askese – süß und ehrenvoll ist es, fürs Vaterland zu verzichten.

Wo ein paar Beherzte mit gutem Beispiel vorangehen, braucht es keine Manifeste: Im Jahre eins der deutschen Einheit haben junge Frauen in einer anhaltinischen Industriestadt ihrem Boß aus dem Westen ein besonders beeindruckendes Tauglichkeitszertifikat vorgelegt. Sie hatten sich sterilisieren und sich diese neuerworbene Qualifikation abstempeln lassen. Man hatte geopfert, und es hat auch nicht sehr weh getan...

Mit schlafwandlerischer Sicherheit stellte die Presse die falsche Frage: Waren die Frauen vom Management unter Druck gesetzt worden? Als ob die Verhältnisse nicht drückend genug sind. Der Fall zeigt, welche irrationalen Hoffnungen den Opferkult begleiten: als Gegenleistung für dauernde Gebärunfähigkeit einen dauerhaften Arbeitsplatz. Welch ein Glaube an die Regulierbarkeit des Glücks von oben! Inzwischen ist ihnen wahrscheinlich längst gekündigt worden.

Wie gehabt, belauerten sich die OMs gegenseitig, ob auch keiner aus der neudeutschen Leidensgemeinschaft ausschere. Beim ersten Streik der Ostberliner Mitarbeiter der städtischen Verkehrsbetriebe um Angleichung ihrer Gehälter an das Westniveau schäumte der Rest der Werktätigen in Leserbriefen über diesen Egoismus. *Wir können nur verteilen, was wir zuvor erarbeitet haben* – wer hätte gedacht, daß diese Phrase Honeckers, auf jedem Parteitag wiederholt, einmal zur Binsenweisheit in der Springer-Presse werden würde. Daß der Leserbriefschreiber nicht zu denen gehörte, die etwas zu verteilen, und bald auch schon nicht mehr zu denen, die etwas zu arbeiten hatten, fiel ihm vorerst nicht auf. Es hätte nicht viel gefehlt, und man hätte in Ostberlin wieder *Straßen der Besten* (Bildergalerien mit Aktivistenporträts) eingerichtet, an denen die OMs mit der grandiosesten Verzichtsmoral aufgehängt werden – als Konterfei natürlich. Oder man hätte Leute Spießruten laufen lassen mit einem Schild um den Hals: «Ich bin ein Lohntreiber» oder «Ich bin die Frau eines streikenden Busfahrers».

Lehrer im Brandenburgischen, die den ideologischen Säuberungen der Marianne Birthler (Bündnis 90) entronnen waren, verzichteten für unbestimmte Zeit auf Anteile ihres Gehalts, damit sich die Dame brüsten konnte, sie habe alle Pädagogen durchgebracht, die auf die neue Freiheit geschworen hatten. Noch heute schwärmt sie von diesem Husarenstück, und natürlich wird es sofort – wie immer bei den tapferen DDR-Dissidenten, die jetzt auch mal gelobt werden wollen – zum *Modell* für irgendwas.

Die Entsolidarisierung im Osten begann an dem Tag, da die ersten, die vor den Sparkassen übernachtet hatten, ihre tränennassen Lippen auf die Noten der neuen Währung drückten. Sofort ordneten sie für sich alle Ostprodukte, die sie zum Teil selber herstellten, unter Kontaktgifte ein, so daß schon in den ersten Tagen Betriebe aufgeben mußten. Ein paar Bauern waren wenigstens so clever und versahen ihre Eier mit holländischen Stempeln. Aber Äpfel aus Werder konnten ihr sozialistisches Antlitz nicht verbergen – sie waren zu schrumpelig. Schon im ersten Einheitsjahr wurden Apfelbäume plantagenweise untergepflügt.

Aller Ehrgeiz der OMs bestand jetzt darin, sich der neuen Rolle, die sie ahnten, würdig zu erweisen: Sie kauften sich ins Konsumentendasein ein. Vor einem Gerät von Sony standen sie, als hätten sie noch nie einen Fernsehapparat gesehen. Und bald fand der schöne Spruch aus der Wirklichkeit des real existierenden Frühkapitalismus seine Bestätigung: Die dümmsten Ossis haben die größten Schüsseln. Wilhelm Bittorf hat ausgerechnet: «Mit offenbar unerschütterter Kaltblütigkeit haben die Ostdeutschen über diese drei Jahre hin für je zwei Arbeitsplätze einen Neuwagen erworben. Oder umgekehrt, für jeden erworbenen Neuwagen zwei Arbeitsplätze eingebüßt.» Oft ging für das Westauto die Abfindung für den verlorenen Arbeitsplatz drauf.

Die Belegschaften schmiedeten Sanierungskonzepte, als sei jetzt ernsthaft Volkseigentum angesagt, und wenn dann der neue Unternehmer kam, waren die schwarzen Listen schon vorbereitet. Man ging einander an die Gurgeln, schlachtete sich gegenseitig unter den

Augen der neuen Herren, waren es auch die mickrigsten und speckigsten Investoren – man empfing jeden einzelnen als Heilsbringer.

Zuerst griff man sich die Alten, das heißt Leute, die noch zehn, fünfzehn Arbeitsjahre vor sich gehabt hätten, und preßte sie zu Versorgungsempfängern. Dann rotteten sich quer durch alle fünf Provinzen die Männer gegen die Frauen zusammen. Was *unsere großartigen Frauen*, wie sie das Politbüro am 8. März, dem Frauentag, gern nannte, an traumatischen Erlebnissen aus der ersten Abwicklungsphase zu Protokoll gaben, liest sich wie ein nicht enden wollender Psychothriller. Eben noch die gebärfreudigen, einsatzbereiten, heiteren, gebildeten und attraktiven Garanten sozialistischer Produktivität, Harmonie und Schönheit, denen zum Frauentag laut Betriebskollektivvertrag *je Kollegin* eine halbe Flasche Weißwein zustand, waren sie plötzlich Ballast für das männliche Management und die lieben Kollegen, die ihre Rolle als *Ernährer der Familie* entdeckten.

Im Ton der Patriarchen frühbürgerlicher Sippen verlangten die Männer von ihnen, sie sollten sich in diesen chaotischen Zeiten mehr um die Familie kümmern und lieber aufpassen, daß die Kinder nicht abrutschten. Die Feststellung «Dein Mann hat ja Arbeit» reichte wie selbstverständlich als Begründung aus, die Frau nach Hause zu schikken. Die Vertreibung von zwei Dritteln aller Frauen aus ihren Berufen, die «keinem reaktionären Diktator gelungen wäre» (Heiner Müller), wurde von den OMs als Rückkehr zu gesellschaftlicher Normalität hingenommen. Betroffenheitsphrasen inklusive. Die über Jahrzehnte von den Frauen mehr oder weniger offen ertrotzte rechtliche und reale Gleichstellung, die ihnen von den Herren der Parteiführung auch nicht einfach geschenkt worden war – von einem Monat zum anderen war sie dahin.

Jeder ist sich selbst der Nächste. Was die OMs in ihren Parteilehrjahren und Gewerkschaftsschulen als *zynisches Wolfsgesetz des Kapitalismus* kennengelernt hatten, praktizierten sie nun mit Inbrunst und zuweilen sportlichem Ehrgeiz. Sie setzten gerade deshalb auf die CDU, weil die ihnen rabiat genug erschien, die Spreu vom Weizen zu trennen. Ohne Umschweife redeten sie sich ein, daß nun die Stunde der Tüchtigen gekommen sei.

Waren sie schon in der DDR die Elite der Absahner, der Vorteilsschinder, die immer fröhliche Kaste der Schlitzohren gewesen, jetzt, so glaubten sie, hatte ihre große Stunde geschlagen. In ihrem sozialistischen Vaterland galten die OMs nur als eilfertige Denunzianten und ekelhafte Zeitgenossen. Aber als der *Aufschwung Ost* sie rief, gingen sie über Leichen. Am dritten Jahrestag der Wiedervereinigung bekannten sich 86 Prozent der Ostdeutschen zu der Maxime: «So wie die Dinge jetzt liegen, muß man in erster Linie an sich selber denken.»

Die Rede ist hier nicht von Primitivlingen, die es in jeder Gesellschaft gibt. Gerade *Kultur- und Geistesschaffende der Republik* fielen in Atavismen. Ergebenheitsadressen des einstigen journalistischen Fußvolkes der SED, der Parteitagsberichterstatter und Ernteschlachtreporter auf der einen, Denunziationen von Kollege zu Kollege auf der anderen Seite dürften auf dem Schreibtisch des Fernseh- und Rundfunkabwicklers Mühlfenzl zwei ungefähr gleich große Haufen ergeben haben. Man petzte sich gegenseitig von den festen Stellen herunter. Ein paar Unglückliche durften im Sender des BILD-Kolumnisten und Einwortsätzlers Lothar Loewe unterkriechen, vorübergehend, denn für den «Nationalen Hörfunk» wird noch einmal ausgesiebt, und übrig bleibt der wirkliche nationale Rest. Hochgeachtete Spezialisten in der Charité schworen ohne Not vor Evaluierungskommissionen auf die Bibel und das CDU-Parteiprogramm. Staatskünstler, die in der neuen Berlin-Brandenburgischen Akademie der Künste unterkommen wollten und plötzlich ihre dissidentische Biographie entdeckt hatten, kannten immer noch einen, der einen kannte, von dem man annahm, daß er bei der Stasi war. Denunzianten aller Couleur waren in ihrem Element, angefeuert von kalten Kriegern aus dem Westen wie Herrn Uwe Lehmann-Brauns von der Berliner CDU, der von Heiner Müller immerhin schon so viel gehört hatte, daß er ihn öffentlich eine «Mehrzweckwaffe» nennen konnte.

Und das Publikum tat es seinen *Arbeitern der Feder und des Pinsels* gleich. Widerlich wie das heimische Toilettenpapier und die Süßtafel vom VEB Schokoladenfabrik «Rotstern» Saalfeld waren ihm plötzlich die *im Auftrag unserer Werktätigen* gefertigten Bücher und Bilder und Gesänge. Plötzlich ekelte es die OMs nachträglich bei dem Gedanken, Apitz, Neutsch und Noll gelesen zu haben. Die Insassen des

Kantschen *Leselandes DDR* sahen ungerührt zu, wie im Auftrag der neuen Handelsketten ihre Literatur auf die Mülldeponien verkippt wurde – Shakespeare, Puschkin, Fontane gleich mit –, fast 80000 Tonnen Bücher aus DDR-Produktion. Wären sie verbrannt worden, es hätte sie an nichts erinnert. Das Mitläufertum sichert seine Verfügbarkeit durch kleine und größere Akte kultureller Barbarei.

Ein kleiner Pfarrer aus Niedersachsen erbarmte sich schließlich, sammelte von den Müllhaufen im Osten das gedruckte Wort, reinigte es von Schimmel und trocknete das Regenwasser heraus, verschnürte es in handliche Pakete und schickte es zu Zwecken germanistischer Studien in die Welt. Der Mitteldeutsche Verlag Halle aber, der Verlag des *Bitterfelder Weges*, meldete zur Frankfurter Buchmesse im Oktober 1993, man habe sich «schon sehr gut angepaßt».

Es gibt keinen Grund, von den Kindern der DDR anzunehmen, daß sie ihr erfrischtes Selbstbewußtsein nicht auch bei nächster sich bietender Gelegenheit im Westen erproben werden. Schon heute zeigt der Mitläufer aus dem Osten seinen von Arbeitsplatzverlust bedrohten westdeutschen Brüdern und Schwestern grinsend den Stinkefinger. Auf Arbeitskämpfe im Westen – etwa um den Erhalt der Stahlstandorte und der Kohleindustrie – reagieren sie mit Gleichgültigkeit, ja Häme. Die Streichung der Arbeitnehmersparzulage im Westen gilt im Osten als ausgleichende Gerechtigkeit, wenn nicht als Indiz für den Sieg der Tüchtigeren (Ost) über die schwächlichen Hedonisten (West). Die Arbeitnehmer im Westen und die ewig an der reinen Marktwirtschaft krittelnden Gewerkschaften sind für die OMs natürliche Feinde. Noch im dritten Jahr der Einheit traten Ostdeutsche so massenhaft aus den Gewerkschaften aus, wie sie der sozialistischen Einheitsgewerkschaft einst massenhaft beigetreten waren.

Entnervt kehren Mitarbeiter des Wirtschafts- und Sozialwissenschaftlichen Instituts des DGB von Abstechern in den Osten in ihre Düsseldorfer Strategiezentrale zurück. Im Osten schlägt ihnen selbst bei Gewerkschaftsmitgliedern unverhohlener Haß entgegen, und für ihre arbeitsmarktpolitischen Konzepte handeln sie sich nur Verachtung ein. Wo denn die Arbeitsmoral herkommen solle, wenn die Gewerkschaften die Arbeitslosigkeit – Gott behüte! – eines Tages abgeschafft hätten, wurden sie gefragt. Von einer allgemeinen Solidarität halten die ehemaligen Klassenkämpfer nichts: Die Gewerkschaften seien zuständig für Solidarität mit denen, die noch Arbeit haben, nicht mit denen, die schon draußen sind.

Nichts wünschen sich die OMs mehr, als daß bei ihnen der Kapitalismus «rein», buchstabengetreu nach dem Lehrbuch der Marktwirtschaft durchgesetzt werde. «Keine Experimente mehr!» dieser Slogan der Rechtskonservativen aus den ersten Monaten des Jahres 1990 ist ihnen in Fleisch und Blut übergegangen. Bei jeder Gelegenheit betteln sie, man möge es ihnen doch gründlich besorgen. Es grenzt schon an Masochismus, wenn es in einem Leserbrief eines der vereinzelten Ostberliner SPIEGEL-Leser heißt: «Staatlich subventionierte Marktwirtschaft hat hier im Osten einen künstlichen Alltag geschaffen, der die Menschen zermürbt. An die Adresse der Altbundesbürger: Bitte vergebt uns, denn wir wissen nicht, was wir tun (sollen).»

Von Anfang an fühlen sich die OMs durch die Prophezeiungen solch windiger Geldbeschaffer wie Lothar Späth gebauchpinselt, der nach seinem Scheitern in der bundesrepublikanischen Politik die Jenaer Zeiss-Betriebe retten will. Im Osten würde auf den Trümmern der sozialistischen Planwirtschaft der Kapitalismus der allermodernsten Art entstehen, verkündete der. Das war schön zu hören, und flugs sind sie ihm beim Zertrümmern kräftig zur Hand gegangen, zupackend, wie sie nun einmal sind. Noch heute, wo das Desaster nicht zu übersehen ist, stellen sie sich vor Fernsehkameras und erzählen mit Rührung, daß sie als ABM eine sinnvolle Tätigkeit bei der Demontage ihres Betriebes gefunden hätten...

Ein tragikomisches Kapitel in der neueren Historie ostdeutschen Mitläufertums haben die Hungerstreikenden der Kaligrube Bischofferode geschrieben. «Nichts Festes» vom *Schweinesystem* annehmen zu wollen ist natürlich eine tolle Haltung. Und dem Westler fällt es wie Schuppen von den Augen, dachte er doch immer, die da drüben könnten den Rachen nicht voll genug kriegen – nun verweigern sie. Das, hätte man meinen können, bringt im Westen Feind- und Weltbilder ins Wanken.

Doch nichts davon. Konsumverweigerung gilt im Westen als eine besonders unzivilisierte Form der Hilflosigkeit. Jedenfalls waren weder Kanzleramtsminister Bohl noch die Treuhandchefin, weder die Gewerkschaft noch die Kalikollegen von den Gruben im Westen bereit, Leute, die nicht essen, als Konfliktgegner ernst zu nehmen.

Bischofferode liegt im stockkatholischen Eichsfeld und ist umzingelt von einer besonders verwahrlosten Mitläuferschaft, den Thüringern, die zu Wendezeiten am liebsten Franz Josef Strauß reanimiert und zum König ihres künftigen Freistaates gemacht hätten. Aus dieser Gegend sind besonders eindrucksvolle Aktionen überliefert, die die deutsche Einheit herbeizwingen sollten. In einer Eichsfelder Gemeinde beispielsweise hatten sich in einer kalten Januarnacht 1990 über 60000 Mitläufer versammelt, mit leeren Koffern bewaffnet, und waren über die Grenze nach Niedersachsen geschlurft. Mit dem Reim «Kommt die SED wieder an die Macht, gehen wir noch heute nacht» auf den bis dato von der Diktatur verschlossenen Lippen versuchten sie im großen Stil, die Kohl-Regierung zu erpressen. Erfolgreich, wie man weiß, denn die Einheit kam noch im selben Jahr.

Im Eichsfeld hat man annähernd hundertprozentig CDU gewählt. Aber nicht nur das: Dort konnten Leute, die nach dem Herbst 1989 von einem *Dritten Weg* redeten, ausgewiesene Linke oder gar Kommunisten waren, gut und gerne damit rechnen, dem Volkszorn zum Opfer zu fallen und in einen der Salzstollen verklappt zu werden. Im stillen Wettbewerb mit den Voigtländern oder den Erzgebirglern schien die Eichsfelder Mitläuferschaft besessen davon zu sein, möglichst als erste in der CDU-Zentrale ihren Landstrich als kommunistenrein zu melden.

Als rings um Bischofferode die Betriebe in den Boden gestampft wurden, hörte man kein Wort des Protestes von den sagenhaften Kalikumpeln. Als mehrere Dutzend ihrer eigenen Kollegen aus dem Betrieb geschickt wurden, um sich künftig den Gärtchen rund um ihre hübschen Einfamilienhäuschen zu widmen, galt das den im Werk Verbliebenen wohl noch als glückliches Zeichen, daß jetzt nun endlich Ernst gemacht werde mit dem Kapitalismus. Jedem Kleinkapitalisten, auch wenn er aus dem Westen nichts weiter mitbrachte als einen Berg von Zahlungsverpflichtungen, schickten sie ihre Emissäre an die

Landesgrenze entgegen, und ihr leutseliges Lächeln sollte sagen: Nimm uns!

Erst als ruchbar wurde, daß die BASF sie nur eingliederte, um sie als Kaliproduzenten auf dem Weltmarkt auszuschalten und die Absatzchancen westdeutscher Zechen zu sichern, als der Kapitalismus also wirklich rein, *porentief rein* auf sie zukam, und zwar auf jeden von ihnen mit dem gleichen Schicksal, ohne eine einzige verdammte Ausnahme zu machen – da standen sie auf wie ein Mann, um sich auf die Hungerpritschen zu werfen: Kampfhungern für gleichberechtigte Ausbeutung.

Eine Bischofferode-Widerstandslyrik zog fortan durch die ostdeutschen Provinzen. Man fing wieder an, mit Hilfe der angelernten Vokabeln des Klassenkampfes zu reden; der Betriebsrat holte sich im Vatikan den väterlichen Segen ab; junge Mädchen, die zu pummelig geraten waren, gingen zum Soli-Fasten, aber nach einer Woche dann doch lieber zur Punkte-Diät über; Bärbel Bohley kam herbeigereist und faselte, der Atem des Herbstes '89 habe sie gestreift; Wolfgang Thierse wurde als Sozialverräter ausgepfiffen, und Gregor Gysi, den sie Monate zuvor wahrscheinlich an gleicher Stelle mit Kaliklumpen beworfen hätten, war plötzlich ihr *Anwalt des Vertrauens*. Er sollte Einsicht nehmen in den Kalifusionsvertrag, der eigentlich doch nichts anderes darstellte als eine Fortschreibung des Einigungsvertrages.

Natürlich konnte man nicht plötzlich Helmut Kohl zum Kalikumpel-Feind Nr. 1 erklären, schließlich hatte man ihn fast einhellig gewählt. Diese Rolle hat im Osten auch traditionell die Treuhand, die ins Böse verkehrt, was die CDU gut gemeint hat. Der Kanzler hat es bis zuletzt, noch als die Bischofferoder in Bonn am Kanzleramtszaun rüttelten, gut gemeint. Er ließ ausrichten, er werde die Kumpel gegen Entlohnung in DM zum Reinigen des Stadtparks auf ABM-Stellen unterbringen. Versprochen mit Ehrenwort! Ein Angebot, das jetzt, wo die Flamme des Kampfes loderte, nur noch bergmännischen Hohn hervorrufen konnte.

«Bischofferode ist überall», hieß der Schlachtruf. Wie wahr diese Losung ist, mußten die Streikenden erfahren, als sie sich nach mehreren Hungerwochen im September 1993 auf den Fußmarsch zum Ort des Grauens, der Treuhandanstalt in Berlin, machten. Sie zogen durch Landschaften, die der zu Hause glichen: niedergemachte Industrie, Städte, die am Ausgang des 20. Jahrhunderts langsam wieder zu Dörfern werden, und auf der grünen Wiese *Einkaufsparadiese*, die aussehen, als hätten galaktische Zivilisationen Außenstationen errichtet.

Aber auch sonst war es wie zu Hause: Sie zogen allein, sie blieben einsam. Leidensgenossen schauten ihnen hinter Gardinen nach. Auf Marktplätzen veranstalteten die Hungerdemonstranten Kundgebungen mit sich selber. Jetzt erst waren sie wirklich die Verlierer. Der große Rest war froh, bei der nationalen Auslese noch einmal davongekommen zu sein, und hielt an seiner Leidenschaft fest – die Günter Gaus schon immer an ihnen bewundert hatte –, das Beste draus zu machen.

Als das neue Jahr hereinbrach, sorgten die Bischofferoder selbst für die traurige Pointe ihrer Kampf- und Leidensgeschichte. Für die Aussicht auf fünf- bis siebentausend Mark Abfindung verließen sie still das Werk. «Das Scheißwestgeld ist euch wohl mehr wert als eure Ideale», rief ihnen der Betriebsrat nach. Das war zwar kräftig, aber eben leider nur die Realität.

Nichts Schöneres konnte den OMs in ihrem Selbstverständnis geschehen, als daß ihnen im Frühherbst 1993, inmitten der tiefsten Überproduktionskrise, der markige Begriff «Wirtschaftsstandort Deutschland» geschenkt wurde. Der atmete fernab von allem europäischen Gedusel jene nationale Größe, die ihnen sogar die im Vergleich zum Westen jämmerlichen Stundenlöhne versüßte. (Ein Industriearbeiter verdiente 1992 im Westen brutto 22,66 DM, im Osten 13,43 DM; das Haushaltseinkommen einer vierköpfigen Familie lag im Westen um 44 Prozent höher als im Osten.) *Wirtschaftsstandort Deutschland* – das implizierte eine Aufgabe, der man das eigene Schicksal unterordnen konnte, man durfte wieder sein, was man all die Jahre gerne war: Diener. Daß Deutschland wieder was darstellt in der Welt, das ist ohne den ostdeutschen Opferdrang gar nicht zu schaffen. Und sie antworteten: Wir sind das Volk.

Ein Fernsehteam des Ostdeutschen Rundfunks Brandenburg hielt wenige Tage vor dem vierten Staatsfeiertag der deutschen Einheit

Arbeitslose vor einem Berliner Arbeitsamt an und konfrontierte sie mit dem Vorschlag, auf einen bestimmten Prozentsatz ihres Arbeitslosengeldes zu verzichten, um so *Deutschland aus der Krise zu helfen.* Das sollte ein Scherz sein, wenngleich einer von der eher finsteren Sorte – der Reporter hatte vorsorglich die Brille abgenommen. Aber das Team hatte nicht damit gerechnet, wie vital der Trieb des Ostlers noch ist, das eigene kleine Ich durch ein Opfer an das große Ganze zu erheben: «Wenn das alle mitmachen, würde ich mich nicht ausschließen.» – «Da warte ich ab, bis dazu eine Argumentation kommt.» – «Ich würde auch Abzüge von meiner Rente entgegennehmen.» – «Na ja, der Aufschwung verlangt auch Opfer, wir haben es ja so gewollt.» Nur ein, zwei Leutchen meinten, Kohl solle doch bei sich selber sparen. Das Filmmaterial war so traurig, daß es in einer Fernsehsatire zum Staatsfeiertag fehl am Platze gewesen wäre.

Als sei eine Lunte angezündet worden unter der ostdeutschen Mitläuferschaft, wirkte der Aufruf der Regierung im Frühsommer 1993, sogenannte Leistungsbetrüger, Mitesser am sozialstaatlich gepäppelten Volkskörper, aufzuspüren. Vielleicht kann man Leuten mit solch einem Appell kommen, für die die Einhaltung von Gesetzen bloß eine Frage der Zweckmäßigkeit, weniger der Moral ist; die nehmen das gelassen. Der Rheinländer etwa mag bei so einer Gelegenheit denken: Na, mal sehn, wie viele sie schnappen...

Im Osten aber mußte man nicht zweimal zum Jagen blasen. 61 Prozent der Leute, die nach dem Zufallsprinzip befragt wurden, schworen Stein und Bein, daß es der *Sozialbetrug* der Arbeitslosen und Wohlfahrtsempfänger sei, der das Vaterland zugrunde richte. «Sozialbetrug», das ist eine richtig kernige Feindbildvokabel, sie zielt auf die Ausgrenzung einer unterprivilegierten Gruppe aus der Mitläufermasse, sie macht Lust, nach unten zu treten. Sie macht den Weg frei zur Abrechnung mit den Schwächeren, den Unordentlichen, den *unsicheren Kantonisten.* Sie ist für das intakt gebliebene Weltbild des OM wie geschaffen. Es kam wieder Leben in die sozialistischen Hausgemeinschaften. Hinter den Gardinen registrierte man beim Nachbarn die Anlieferung von Möbeln und Küchengeräten mit frisch erwachtem Interesse. Noch war es nicht soweit, daß ein Anschiß beim Kontaktbereichsbeamten, der früher Abschnittsbevollmächtigter und noch früher Blockwart hieß, richtig herzhafte Folgen hatte. Aber immerhin diskutierte man darüber, untertariflich bezahlte Arbeit Sozialhilfeempfängern zur Pflicht zu machen. 66 Prozent der Befragten waren sofort dafür. Wenn die ostdeutschen Kleinbürger das Sagen kriegen, gibt es für alles einfache Lösungen. Ob man die Schmarotzer auch in Lagern halten solle? Noch wurde nicht danach gefragt.

Der Boulevardpresse gelangen mit Schlagzeilen wie «Razzia auf dem Bau – das sind die Schwarzarbeiter» beachtliche Verkaufserfolge. Erst recht, wenn sie vermeldete, daß Jugoslawen und Polen erwischt wurden, die ihren Arbeitseifer mit Ausweisung aus der Solidargesellschaft zu bezahlen haben. «Der Staat – das sind wir», diese Perle aus dem Aphorismenschatz des Sozialismus ist für den OM auch im neuen System von bleibendem Wert. Der Mitläufer kann sein Verhältnis zur Wirklichkeit nur unter dem Gesichtspunkt der Moral betrachten. Er mag sich fies, feige und dumm vorkommen, er kann sich immerhin trösten: Was wir tun, ist moralisch.

Daß der OM aber auch solch eine rasante Entwicklung zum Positiven nehmen würde! Zunächst hatte es ganz anders ausgesehen: Den Horden, die vom Spätherbst 1989 an ihre (damals noch so gut wie unkündbaren) Arbeitsplätze kaltwerden ließen und in den Westen einfielen – Ärzte, die aus ihren Abteilungen verschwanden, Kindergartentanten und Heimatkundelehrer, die die heranwachsende Generation in den Trümmern der ideologischen Leitsätze einfach sitzenließen –, eilte ein miserabler Ruf voraus. Im Westen war man sich einig, daß hier Menschen einströmten, die mit Arbeit nichts im Sinne hatten, Leistung nicht kannten und gegen Mittag rapide ermüdeten. Ernsthaft erwog der unselige Wirtschaftsminister Hausmann staatlich geförderte, *schulungsgestützte Kuraufenthalte* für entsprungene Ostler, in denen diese langsam und schockfrei das Gefühl für einen vollen Achtstundentag erlernen sollten. Mittelständler in Bayern weigerten sich vor laufenden Fernsehkameras, Ostler einzustellen, da die ein freches Maul und zwei linke Hände hätten. Man las ergreifende Zeitungsberichte, in denen fürsorgliche Westler den verstörten Frauen *von drüben* zu vermitteln suchten, daß sie nicht freitags um eins von der Arbeit wegrennen müßten, um einzuholen, da es von allem reichlich gebe. Die vorübergehende Einrichtung von Frauenruheräumen – eine sozialistische Maßnahme für werktätige Mütter in den fünfziger Jahren – wurde ernstlich erwogen.

Vom Standpunkt der westdeutschen ökonomischen Erfolgsgemeinschaft hatten sich diejenigen selbst disqualifiziert, die für das sozialistische System eingetreten waren. Das heißt, es war nicht einmal nötig, daß sie dafür eingetreten waren: Für den «Capital»-Leser reichte es völlig, daß der Ostler in seinem System überlebt hatte, um in ihm den lebenslänglichen Versager zu erkennen. Daß der Ostdeutsche in einer solchen Schlamperei zu Hause gewesen war und sich darin mehr oder weniger wohl gefühlt hatte, machte ihn für die Erfolgsgemeinschaft der Männer mit den Gesichtern wie Taschenrechner beinahe unbrauchbar.

Heute, wo es mit der Effizienz der westdeutschen Gesellschaft auf einmal nicht mehr so weit her ist, haben die Ostler im Westen schon einen viel besseren Ruf. In den Unternehmen gelten sie als Maulhalter, ganz und gar nicht als Jammerossis. Hart arbeiten sie an ihrer Assimilation. Aber man erkennt sie doch: Wo immer Arbeitnehmer einen kleinen Aufstand proben – die ostdeutschen Kollegen sind jedenfalls nicht dabei. Junge Leute, die die Arbeitslosigkeit vom Osten in den Westen treibt, bringen die bereits in der zweiten Generation erworbene ostdeutsche Erfahrung mit, daß Aufmüpfigkeit nur danebengehen kann (wie es sich ja jüngst mit der mißglückten Revolution gezeigt hat). Nicht wenige Personalräte bevorzugen inzwischen Ostler wegen ihrer notorisch heiteren Demut.

1992 erschütterten Ostgazetten ihre Leser mit Erlebnisberichten von Landsleuten, die von westdeutschen Unternehmen abgewiesen worden waren, weil sie keine FDJ- oder SED-Mitgliedschaft nachweisen konnten. Leute, die gegen den Strom schwimmen, hieß es in den Personalabteilungen, könne man nicht gebrauchen. Daraufhin änderten viele ihre Taktik bei Einstellungstests: Jetzt betonten sie nicht mehr, daß sie «schon immer dagegen gewesen» seien, erfanden auch nicht mehr leidvolle Erlebnisse aus den Tagen des herbstlichen Aufstands, mit denen die Westler eine Zeitlang gut zu unterhalten gewesen waren. Plötzlich waren sie in der DDR «immer mit allen gut ausgekommen», weil es ihnen «vor allem um solide Arbeitsleistung gegangen» sei.

In westdeutschen Städten bilden die OMs nunmehr den menschheitsgeschichtlich neuen Typ des Proletenyuppies: Leute, die sich mühsam mit den Insignien des Zeitgeistes ausstaffieren, sich italienischen Weißwein und eine ihnen fremde deutsche Sprache reinziehen und eilig in die nächsthöhere Gehaltsklasse drängen. Mit ihren westlichen Kollegen – erst recht, wenn das Türken sind – wollen sie so wenig wie möglich zu tun haben, obwohl sich ihre Mitläufererfahrungen und die kleinbürgerliche Stupidität der westdeutschen Artgenossen aufs schönste ergänzen. Noch mischt sich West und Ost, aber bald wird der OM an vielen Orten dominieren, ganze Landstriche werden von seiner Verbissenheit und Humorlosigkeit überschattet sein. Bis Mitte 1993 waren schon 1 Million Ostler in den Westen gekommen, und die Flucht der von den Schulen des Sozialismus geprägten jüngeren Arbeitnehmer aus dem Osten wird bis zur Jahrtausendwende anhalten. Indem sie kommen, leisten sie ihren Beitrag. Ihren Beitrag zur Verödung des gesellschaftlichen Klimas.

Das Demutsverhalten der Pendler hätte eine sorgfältige Analyse verdient. Mit ihnen spielt sich ab, was sich überall im Osten ereignet, wo die Leute noch Arbeit haben. Aber an den Pendlern, in Buseinheiten aufgeteilt, ist es besonders schön zu beobachten. Aus jedem östlichen Bundesland pendeln Tausende auf den westdeutschen Arbeitsmarkt. Von den 110000 Brandenburger Pendlern verkaufen sich sogar 4,3 Prozent nach Bayern. Die Angst vor dem Fall in die Arbeitslosigkeit schnürt ihnen die Kehle zu. Sie macht aus ehemals gesellschaftlichen Wesen, die im Spiel um die kleinen Vergünstigungen mit Verweigerung und Anpassung kokettierten und subtilen Druck auf die Führung auszuüben vermochten, dumpfe, schicksalergebene Lohnempfänger.

Täglich fahren sie in Bussen sechs Stunden und länger zu ihrer Hingebungsstätte. Die einfache Reproduktion ihrer Arbeitskraft haben sie in den Bus verlegt, Schlafen, Nahrungsaufnahme, Kommunikation, Kontakt der Geschlechter. Die Außenbeziehungen sind auf das Nötigste reduziert. Frauen berichten 1992, nach acht Monaten Fremdarbeit bei «Quelle» in Nürnberg, daß sie die Stadt, für deren

Steueraufkommen sie sorgen, niemals gesehen haben. Sie verstehen ihre Lage als Kollektivereignis: Allen Businhalten, die aus dem Thüringischen kommend in den dunklen Morgenstunden in Nürnberg auf dem Industriehof eintreffen, geht es gleich gut oder gleich schlecht.

Die Lebensfunktionen, die mit Familie, Freundeskreis, Wohnung, Garten, Nachbarn verbunden waren, verlöschen langsam und können an den Wochenenden kaum regeneriert werden. Die Pendlerinnen – etwa ein Drittel der Pendler sind Frauen, die aufgrund ihres Alters auf dem ostdeutschen Arbeitsmarkt chancenlos wären – gelten in den Konzernen als besonders handsam, werden zumeist unter ihrer Qualifikation als Packerin oder Hilfsarbeiterin eingesetzt und verdienen schlechter als die Männer. Sie haben bei «Quelle» für wundersame Extraprofite gesorgt.

Die OMs sind nicht uniform, nur die Spielregeln sind für alle gleich. Das Schleimen um den lächerlich kleinen Vorteil, die Eroberung des winzigen Privilegs, die Erzeugung des nachbarlichen Neids hält sie zusammen. Wie früher in der DDR räufeln sich aus der Mitläufermasse Aktivisten heraus. Das sind die Selbständigen, die meinen, für sich den Kapitalismus begriffen zu haben. Selber nennen sie sich Unternehmer, am liebsten hören sie aber auf den Kosenamen «Mittelstand».

Das sind nun allerdings die armseligsten Gestalten, die im Osten mitlaufen. In den knitterfreien Zweireihern, die sie sich als Standessignum zugelegt haben, sehen sie aus wie Verkäufer einer heruntergekommenen Automarke. Wo der Westler sein Einstecktuch trägt, pocht bei ihnen ein angstverkrampftes Herz. Diese Leute tauchen in der Arbeitslosenstatistik nicht mehr auf. Sie leben von Selbstausbeutung und der Nötigung ihrer Ehefrauen und Kinder. Manche haben ihre Wohnungen aufgegeben und schlafen in ihren Büros, die sie nach den Katalogen westlicher Büromöbelhändler uniformiert haben. Da träumen sie dann vom Managerpreis, den Großverleger Hubert Burda jährlich an erfolgreiche ostdeutsche Aufschwungunternehmer vergibt. 1993 war eine Preisträgerin dabei, die das Investitionskapital für ihren Betrieb einem Lottogewinn verdankt – auch diese Hoffnung also bleibt. Alles, was die stolzen Kleinkapitalisten aus der Sippschaft der OMs besitzen, selbst was sie auf dem Leibe tragen, gehört meist der Bank. Sie stehen permanent vor der Armutsfalle. Seit Mitte 1991 gab es in den neuen Ländern keinen Monat, in dem nicht mehr Gewerbe abgemeldet als angemeldet wurden.

Den Mittelstand, das *Rückgrat der Wirtschaft*, wird es im Osten vorerst nicht geben. Nicht zuletzt deshalb, weil die Unternehmer im Osten einem Preiskampf ihrer westdeutschen Konkurrenten ausgesetzt sind, den sie auch mit allen Geldern der Regierung nicht durchstehen werden. Nach einer Studie des Instituts für Wirtschaftsforschung Halle versuchen 85 Prozent der Westkonkurrenten, «die ostdeutsche Industrie im Preiswettbewerb an ihrem schwächsten Punkt, nämlich den höheren Fertigungskosten, zu treffen». Von Rabatten bis zu fünfzig Prozent ist die Rede und davon, daß manche kapitalkräftige Westfirma ihre Produkte unter Herstellungspreis anbietet, um die Ostkonkurrenz vom Markt zu putschen. Dumping nennt man das...

Übrig bleiben viele arme Pinsel, Strandgut der Gesellschaft. Edler Zwirn und der geleaste BMW suggerieren Unabhängigkeit, während es in Wirklichkeit um die Sicherung des Existenzminimums geht. Viele ostdeutsche Jungunternehmer vergöttern die Leistung, auch wenn sie von ihr kaum leben können. «Wenn es nicht klappt», sagen sich die Besitzer von Imbißwagen, Bräunungsstudios, Videotheken, Floristik-Shops oder kleinen Pornokinos, die Treppenterrier. in der Versicherungsbranche, «liegt es ganz allein an mir». Damit haben sie das Klassenziel vorfristig erreicht.

In den neuen Ländern wurde ein neoliberaler Privatisierungsprozeß in Gang gebracht, der unzweideutig experimentelle Funktion für den großen Rest der Deutschen hat. Wer hätte gedacht, daß das Einkommensniveau der Ostdeutschen die westdeutschen Klassenbrüder in Form der Viertagewoche so rasch erreichen würde! *Privatisieren und Sanieren* zwischen Rostock und Suhl ist nur das ausgiebige Vorgeplänkel für die Attacke gegen das Normalarbeitsverhältnis gewesen.

So wie die OMs heute dastehen beziehungsweise rumhängen, können sie schwerlich behaupten, sie hätten nicht mitgekriegt, was mit ihnen geschieht. Immerhin leben vier Millionen Ostler vom arbeitsmarktpolitischen Budgettransfer aus dem Westen, und Hunderttausende trainieren täglich den Spagat zwischen Arbeitsamt und *Einkaufsparadies*. Ihre Lebensfunktionen sind auf Verzehr und Verdauung reduziert, ihre Provinzgesellschaft ist der Blinddarm Deutschlands. Noch können die Triebe des Jagens und Sammelns befriedigt werden, das hält in Maßen frisch: Ab morgens um neun grasen ausgeruhte Frauen und Männer *in den besten Jahren* die Discount-Märkte nach *Schnäppchen* ab (ein Wort, das sie den Westlern sofort aus dem Mund genommen haben).

Ostdeutschland wurde zum Laboratorium für selektiven Personalabbau, gelenkte Unterbeschäftigung mit abrufbarem Reservearbeitsmarkt bei – im Vergleich zum Westen – halbiertem Einkommen. Ohne die Mittäterschaft der OMs, die durch die Schule des Sozialismus gegangen sind, könnte das nicht funktionieren. Nur in der Masse sind sie in der Lage, das unglückliche Schicksal des einzelnen als ein allgemeines und notwendiges umzuverteilen; der Gedanke «das geht uns jetzt allen so», «da müssen wir jetzt alle durch» ermöglicht sogar individuelle Glücksmomente im allgemeinen Unglück. Die bis zum Sommer 1993 unablässig varriierte Kohl-Phrase vom Glücksgefühl, das die Nation angesichts der nach dem Fall der Mauer aufgetretenen Probleme erlebe, zielt auf die Stärkung der Mitläufereuphorie: Je dreckiger es uns geht, desto heftiger hat uns der Mantel der Geschichte gestreift. Wie gehabt: «Armut ist ein großer Glanz aus Innen ...»

So betrachtet, hat das grassierende ostdeutsche Elend seinen Ausgangspunkt keineswegs in ökonomischen Interessen, sondern im Vollzug einer Idee – *Freiheit für alle Deutschen* –, und zum Vollzug dieser Idee, zur *Gestaltung der inneren Einheit unseres Vaterlandes*, drängt es die Elenden. «Was regt sich der Ostdeutsche über hohe Mieten auf? Wozu braucht er überhaupt noch eine Wohnung, wo er doch schon einen Platz in der Geschichte hat?» (Mathias Richling). Sozialabbau und Arbeitslosigkeit im Dienste eines höheren Prinzips: Das lassen nur Kreaturen mit sich machen, die die Verleugnung erdenschwerer Realitäten lange genug eingeübt haben und auf diese Weise ihren inneren Frieden finden. Im übrigen macht die Gewißheit, daß der Staat DDR im großen und ganzen edlen Absichten folgte und auf hehren Idealen fußte, Mitläuferschaft auch im nachhinein zu einer einigermaßen befriedigenden Gangart.

Wer in Westdeutschland arbeitslos wird, dem bleibt die Erhebung ins national Bedeutsame versagt, der wird sich auch nicht mit Hilfe von Yoga und Selbsthypnose – worin die Westler den Ostlern zweifellos voraus sind – als ein *Rädchen und Schräubchen* (Stalin) verstehen und seinem Schicksal ein teleologisches Prinzip unterlegen, das letztlich zum Dauerglück der Volksgemeinschaft dränge. Der Westler hat gelernt, an sich zu denken. Folglich beißt er sich vor Wut in den Hintern, daß gerade er soviel Pech gehabt hat. Dem Drang der OMs, eine *historische Mission* zu übernehmen, als alte und neue Avantgarde für klare Fronten im Sozialstaat Deutschland zu sorgen, ist der westdeutsche Arbeitnehmer, der einfach nur seine Haut retten will, nicht gewachsen. Missionsträger sind immer gefährlich.

Der Kanzler verteilt für ostdeutsches Duckmäusertum inzwischen gern Bienchen. («Bienchen» malten Lehrerinnen in der DDR den Erstkläßlern für Fleiß, Ordnung und Sauberkeit ins Heft.) Angefangen hat er damit versuchsweise bei seinen gelegentlichen Auslandsreisen in die fünf neuen Länder. Bei der Grundsteinlegung für die neue Leipziger Messe im August 1993 – einem Akt des guten Willens, denn nichts ist unwahrscheinlicher, als daß Leipzig wieder zum internationalen Messeplatz wird – lobte er «das außergewöhnlich hohe Maß an Anpassungsbereitschaft» besonders der Sachsen und – ein Bisonrudel, das man an einen anderen Zoo verkauft hat – ihre Fähigkeit zur «Eingewöhnung in völlig neue Verhältnisse». Daß es sich um historische Subjekte handelt, die aus eigenem Antrieb eine Revolution, zumindest eine Konterrevolution verbrochen haben, ist dem Bundeskanzler inzwischen entfallen.

Neuerdings nutzt Kohl auch Auftritte vor der westdeutschen Industrie, um dort, das heißt vor richtigen Deutschen, die OMs über den grünen Klee zu loben. Oft und gern rühmt er dabei den «Mut zur Zukunft», den er bei den Anschlußdeutschen ausgemacht hat. Das wird die lauernde Verfügungsmasse gern hören – auch wenn die Phrase ungefähr denselben Aussagewert hat wie «Mut zu Elf Uhr fünfunddreißig» oder «Mut zu leicht bewölkt, strichweise Niederschläge».

Die Westdeutschen sollten sich darauf einrichten, daß der mystische *Gestaltungswille*, eine zentrale teutonische Vokabel, den OMs nicht nur angedichtet ist: Sie spüren ihn tatsächlich in sich. Paternalistisch geregelt, klar nach Freund und Feind geschieden, immer dabei, wo es was zu holen gibt, eine Gesellschaft der Starken und Leistungsfähigen, der Einheimischen, nicht der Fremden – so wollen die OMs das neue Deutschland: eine entzivilisierte Gesellschaft, in der der einzelne für nichts haftet und nicht in Anspruch genommen werden darf, ein kleinbürgerliches Kollektiv, das ossifizierte Gemeinwesen.

Ein prominenter OM – über den Wolfgang Schäuble im Oktober 1993 der Tageszeitung «Neues Deutschland» sagte, er habe «viel Gutes für die Deutschen in der Zeit der Teilung erreicht» – formulierte aus seiner Haft am Tegernsee, wo er wie Buddha auf den Geheimnissen des KOKO-Imperiums hockt, die Kampflosung Nummer eins für seinesgleichen: «Wir müssen Deutschland wieder hochkriegen!» Dazu werden die OMs gebraucht. Und sie sind schon zugange.

Endlich daheim

Die Wende hat die Mitläufer aus dem Osten befreit. Von allen Skrupeln. Das war weiß Gott auch zu albern, bestimmte Leute für bessere Menschen halten zu müssen, nur weil sie zufällig im KZ saßen. Dauernd diese Ehrerbietung, diese ewigen Wallfahrten zu den Stelen und Heldengräbern – na, wenn das nicht Diktatur war! Die Veteranen, die nicht vergast, erschossen oder aufgehängt worden waren, wurden gepäppelt, sahnten Sonderrenten ab, saßen in Erholungsheimen und durften frei mit der Eisenbahn fahren. In allen Fernsehspielen waren sie *die Guten,* und man trug sie von einer Gruppe der Jungen Pioniere zur anderen, wo ihnen rote Halstücher um die ledrigen Hälse geschlungen wurden. Lästig das alles!

Jetzt herrschen andere Sitten. Jetzt regiert das richtige Leben. Um Zittau herum gibt es Dörfer, da grüßt man sich morgens im Bäckerladen, wenn man sechs Braungebackene holt, mit «Heil Hitler». Nicht zackig, höhnisch, prahlerisch – Skins gehen nicht Brötchen holen –, sondern maulfaul und gewohnheitsgemäß. Man grüßt sich eben, man ist ja unter sich.

Zum richtigen Leben gehört auch ein feiner Supermarkt. In Fürstenberg/Havel bietet sich das Gelände beim ehemaligen KZ Ravensbrück an. Aber noch immer steht ein verquaster Humanismus praktischen Lösungen und dem *Aufschwung Ost* im Wege. Die Leute in Fürstenberg/Havel verstehen nicht, was man von ihnen will; mit der Mumienverehrung sei es doch jetzt vorbei. Eine Frau sagt im Fernsehen, sie sehe gar nicht ein, wieso die Damen, die da wegen Aufsässigkeit im KZ gesessen haben, den Fürstenbergern im nachhinein die Arbeitsplätze vermiesen. Haben die Roten nicht lange genug das Sagen gehabt, die ganze Diktatur durch? Als ob man nicht schon genug gelitten hätte all die Jahre mit dem Lager. Sie ist ohne Arg und stellt sich das nett vor: «Da hat das Museum doch auch was von, wenn die Leute erst shopping gehen und dann noch mal kurz rübergucken ins KZ.»

Im richtigen Leben muß man das meiste selber in die Hand nehmen. Auch in Dolgenbrodt bei Königs Wusterhausen. Der Ort ist hübsch am Wasser gelegen. Zu DDR-Zeiten hat es Generälen und Staatssekretären und prominenten Journalisten hier so gut gefallen, daß sie in Dolgenbrodt ihre Datschen bauen ließen. Man nannte das Nest «Außenstelle Wandlitz». Doch die neue Demokratie wollte die Dolgenbrodter um die Früchte ihrer Kleingartenarbeit betrügen. Um ein Haar hätte die Landesregierung den Erholungswert der Gegend entwertet, ihr Vorhaben wahrgemacht und Asylanten ins Dorf gesteckt.

Aber da hatte sie sich verrechnet.

Wie früher fürs *Winterhilfswerk*, später für die *Volkssolidarität* oder für das Gelingen von FDJ-Festivals, so machte sich auch diesmal ein beherzter Bürger auf, ging von Anwesen zu Anwesen und brauchte nicht lange zu bitten. Obwohl sie wenig haben, die Ärmsten, waren doch rasch zweihundert Mark gespendet – soviel kostet es schon, fachmännisch Feuer ans Asylantenheim legen zu lassen. Es ist ja für eine gute Sache, hieß es früher, wenn jemandem eine Spende schwerfiel. Oder man fragte ihn: Du bist doch für den Frieden, oder? Keine Halbheiten, bitteschön. Am Abend saß man dann gemeinsam und stumm beim Bier. Man hält zusammen und dicht, gerade in schwierigen Zeiten.

Die Männer von der Freiwilligen Feuerwehr hatten in dieser Nacht Probleme mit dem Telefon – einmal lag der Hörer nicht richtig auf, einmal stand der Apparat in der Küche und war vom Schlafzimmer, wo der Feuerwehrmann schlief, nicht zu hören. Als die Wehr dann ausrückte, mußte sie sich auch noch ganz schrecklich verfahren in der verdammten märkischen Dunkelheit.

Im Fernsehen der Ostdeutschen wußte die Bürgermeisterin von Dolgenbrodt zu erklären, man habe mehrfach dringlichst die Obrigkeit mit Petitionen behelligt, die Rufschädigung des Ortes durch

Überfremdung zu verhindern – vergeblich, und einmal sei eben «das 200-Seelen-Volk der Dolgenbrodtler mit seiner Geduld am Ende» gewesen.

Dem «Volk» der Ostdeutschen ist der Geduldsfaden schon mehrmals gerissen, in Hoyerswerda, in Rostock: immer mit Massenbeteiligung, mit Feuer und Steinen, in jener «Volks»-Fest-Atmosphäre, in deren Folge Fremde unter dem Gejohle hochgestimmter Meuten schon immer gern vor die Tore der Stadt getrieben wurden – oder in die Güterwagen. Keine Schweinerei ist zu groß, als daß sie nicht durch den *Unmut der Bürger in den fünf neuen Ländern* gedeckt oder, wie es die SED-Funktionäre formuliert hätten, *untersetzt* werden könnte.

Man kann sicher sein, daß sich die OMs ihrer Rolle dabei vollkommen bewußt sind. Für sie wiederholt sich lediglich, was sie als Spiel zwischen Führung und «Volk» der DDR eingeübt haben: die Simulierung ihrer uneingeschränkten Verfügbarkeit auf ein einziges propagandistisches Signal hin, einschließlich der rituellen *ideologischen Auseinandersetzungen* mit noch schwankenden Elementen und der Einmütigkeitsrapporte von unten nach oben. Das forderte kaum Kraft, hielt den Alltag nicht auf, wurde von einem eigens für die Demutsproduktion eingerichteten Apparat erledigt.

Die Anlässe für die OMs, *Einheit und Geschlossenheit* vorzutäuschen, was dann als *die einheitliche Meinung unserer Werktätigen* wie ein Teil der sozialistischen Realität behandelt wurde, waren vielfältig, manchmal zufällig, auswechselbar: der Mauerbau, Gagarins Erdumkreisung, das Kulturplenum, die Maiskampagne und die Rinderoffenställe, Biermann, die Neutronenbombe, der DDR-Mikrochip. In der Regel reichten Jahres- und Gedenktage, um den Selbstläufer «Volk bekundet Zustimmung» in Gang zu setzen.

Nach diesem Algorithmus machten die OMs ihrer Führung auch ein bis auf die Knochen antifaschistisches Volk vor. Hatten die altgewordenen, teuren, führenden Genossen, die sich im Kampf gegen den Faschismus aufgeopfert hatten, nicht sogar ein Recht darauf, diesen ihren sehnlichsten Wunsch erfüllt zu bekommen? Als Voraussetzung für diese Simulation galt, daß es ein vorsozialistisches Alltagsleben im deutschen Osten nicht gegeben habe, sondern nur heroisches

Leben – Widerstand und / oder Leiden, die um Befreiung flehten. Vor allem die Toten mußten diesen Mythos rein ausbilden, der Mehrheit der Überlebenden wäre das schwergefallen. Die beiden Urnen in der Neuen Wache Unter den Linden, die als antifaschistisches Mahnmal diente, waren dem «Unbekannten Soldaten» und dem «Unbekannten Widerstandskämpfer» geweiht. Mit der «Unbekanntheit» war es möglich, deutsche Schicksale vereinheitlicht als Opferschicksale schlechthin zu erinnern, die darüber hinaus noch etwas gemeinsam hatten: die Weihe durch den preußischen Stechschritt, der jeden Mittwoch vor der Neuen Wache getanzt wurde.

Der abrupte Übergang zum Antifaschismus am 8. Mai um Mitternacht wurde zur Herzenssache aller, zum ersten durchschlagenden Gemeinschaftswerk, zur Basislüge. Wieviel Selbstsuggestion auch dabei war – wenigstens wurde Antifaschismus per Gesetz zur Staatsräson erhoben; wer sich als Faschist gerierte, ging als Krimineller in den Kahn.

Manchmal wurde *das Volk der Deutschen Demokratischen Republik* innerhalb des Kampagnenreigens auch zu mümmelnder Distanz gegenüber dem einen oder anderen Nachbarn aufgerufen. Natürlich im Namen der *unverbrüchlichen Freundschaft*. Da wurde nationalistischem Dünkel geschmeichelt und im Nebel des Unterbewußten gestochert, hinter dem die alte Herrenmenschenborniertheit sedimentiert war. Es bedurfte keiner Überredungskunst, den einzelnen dazu zu bewegen, sich als Deutscher – zumal als der bessere Deutsche – den Russen, Tschechen oder Polen überlegen zu fühlen. Der schreiende Gegensatz dieser Anmaßung zum antifaschistischen Gesellschaftsvertrag fiel offenbar niemandem auf.

Vor allem seit den siebziger Jahren, seit sich die OMs in ihrem Vaterland auf einem Wirtschaftswunderkurs wähnten und ihnen die Augen mit allerhand Tinnef gefüllt wurden, genügte ein kleiner Anstoß, und sie plärrten los, die arbeitsscheuen Polen würden ihnen alles wegkaufen und das Land kahlfressen. Als wegen der Polenkrise die Grenze nach Osten dichtgemacht wurde (Aufhebung des visafreien Reiseverkehrs), grämten sich nur die Idealisten, die den Traum von idyllischen Völkerfamilienverhältnissen nicht aufgeben mochten. Zehn Jahre später waren die OMs im vereinigten Deutschland angelandet, und es hat sie nicht gestört, daß Helmut Kohl die Respektierung der deutschen Ostgrenze auf eine Weise hinauszögerte, die überall auf der Welt als skandalös empfunden wurde.

Martin Walser hat es unlängst nicht lassen können, sich am allgemeinen bräsigen *Nachdenken über Deutschland* zu beteiligen, und sich «Deutsche Sorgen» über den Rechtsextremismus gemacht. Was macht grundsolide Kleindeutsche abermals zu nationalistischen Fanatikern? Ein schmerzliches Defizit an nationalgestimmten Werteangeboten sei es, eine ruinöse geistige Mangelerscheinung, die ihnen eine luschige Linke eingebrockt habe: Karikiert wurden sie, ohne Liebe wuchsen sie heran, bis sie sich selbst auf den nationalen Seelen standen und in Selbsthaß flüchteten. Weil auch ein Rechter so nicht leben könne, folge nun der Aufstand des Nationalgefühls, der seine Opfer unter denen fordere, die gar nichts mit dem Gefühlsstau der Nationaldeutschen zu tun haben – Türken und Angolaner, Vietnamesen, Juden, Behinderte und Schwule.

Zumindest für die Faschos aus der alten DDR stimmt Walsers These nicht. Der Sozialismus und der Antifaschismus dortzulande waren stets auch «nationalgestimmt», weil sie als deutsche Alternative entworfen waren. Die Losung «Nichts verbindet uns mit der imperialistischen BRD – all unsere Liebe unserem sozialistischen Vaterland!» war der Marschbefehl für ein «eigenständiges» Deutschtum. Nationales Futter, das ihre Überheblichkeit nährte, für die sie überall im Ostblock verrufen waren, hatten die DDR-Bürger aber auch ansonsten genug.

In den propagandistischen Distributionsapparaten hatte man einen gutgefüllten Spruchbeutel zur vorübergehenden Wiedererweckung nationalistischer Ressentiments stets zur Hand. Er wurde erstmals in den fünfziger Jahren bemüht, als der Tito-Faschismus der Jugoslawen zu geißeln war. 1956 waren es die Unzuverlässigkeit und Unstetigkeit der Zigeuner und der Schafzüchterverstand der Magyaren, die sozialistische Disziplin und Planwirtschaft in Ungarn nicht erblühen ließen. 1968 ließen es Slowaken und Tschechen an Prinzipientreue fehlen. Die Kampagne mokierte sich über den dekadenten, kafkaesken Intellektualismus der Prager Reformer, der es gerade mal zu «2000 Worten» brachte – laut Schnitzler 2000 Worte zuviel.

All das wird man in offiziellen Dokumenten der SED schwerlich finden. Krachledern nationalistisch ging es vor allem zu, wenn die OMs unter sich waren, wenn der Kreissekretär der SED sagte: «Das bleibt aber hier im Raum, Genossen!» Dann gab es ein fröhliches Zungenwetzen, war auch schon mal von der «Polenwirtschaft» die Rede und davon, daß «die Polen natürlich gern zu uns rüberkommen, um richtig arbeiten zu lernen», oder daß die «Genossen der PVAP mehr das Kruzifix als den Roten Stern anbeten».

Als Gorbatschow seine Perestroika mit einem (halbherzigen) Wodkaverbot eröffnete, entdeckte die SED «in der ganzen Sowjetunion Entzugserscheinungen» bei brüderlich verbundenen Alkoholikern, und mit Häme wurde dem Fußvolk jene Schlimme-Augen-Wurst beschrieben, die einsam in Moskauer Fleischläden ergrünte. Genüßlich rechnete die parteiintern vertriebene Anleitungsschrift mit dem kräftigen Namen «Was und Wie» dem Parteiarbeiter vor, was die Schlampenwirtschaft der eigensinnigen Rumänen ihn kostete. Und erst die Schulden, die die Bruderbündler im Westen auflaufen ließen – Schulden nicht bezahlen, das war nun wirklich das letzte.

An der Parteibasis äußerte sich der Nationalismus der SED in einem grobgeschnittenen Humor, der die unaufgeräumte Leichtlebigkeit im sozialistischen Osten mit den deutschen Sekundärtugenden Fleiß, Pünktlichkeit und Treue kontrastierte, die in der DDR zum Programm des Kleinbürgerstaates erhoben worden waren. Polen, Vietnamesen und Mosambikaner, denen offiziell alles Liebe nachgerufen wurde, waren den Vollbürgern der DDR keineswegs ebenbürtig. Dauergastarbeiter hatten zwar in späten DDR-Jahren Kommunalwahlrecht, aber es gab keine Debatte darüber, wieso sie nicht DDR-Bürger werden konnten, wo sie doch in diesem Lande lebten und arbeiteten. Zumeist wurden sie in speziellen Produktionsabteilungen separiert und eigens in Heimen gehalten. Als Tausende Vietnamesen kamen, wurden sie zunächst mit allerhand Kampagnen-Tam-Tam DDR-Familien zugeordnet, in denen sie die christlichen Feiertage verbrachten. Plötzlich aber mußte damit Schluß sein, und sie blieben wieder unter sich. Sie waren nicht als Individuen im ersten sozialistischen Staat auf deutschem Boden, sondern als Arbeitskräfte. Für den unsäglichen Fall, daß eine im Chemiefaserwerk Rudolstadt zur sozialistischen Hilfe abgeordnete Polin Anzeichen von Schwangerschaft an sich registrierte, gab es ein ganzes Kompendium von Maßnahmen, die auf diplomatischem Wege fürsorglich ausgehandelt worden waren.

An den «Fidschis» lobten die Brigadiers deren Fleiß, Disziplin und Anspruchslosigkeit. Mit den «Mossis» dagegen, auch «Briketts» genannt, gab es in den Kleinstädten immer Zoff. Die Schwarzen lernten es bis zum Schluß nicht, daß sie keine deutschen Mädchen anzumachen hatten. Auch spürten sie wenig Neigung, in ihren Kasernen zu bleiben, eine Hoffart, für die sie reichlich Prügel von der sozialistischen Jugend bezogen. Fortwuchernd auf dem Germanendünkel der altgewordenen Nazis, kommt die Fremdenfeindlichkeit ostdeutscher Mitläufer heute nicht von ungefähr. Sie ist nicht trotz der staatlichen Vorgaben, sondern in deren Windschatten entstanden.

Das Verhältnis der meisten Ostdeutschen zu ihren östlichen Nachbarn ist ungebrochen und pendelt auch heute zwischen Herablassung und Verlustängsten. Nirgendwo erlebt der OM beglückender, daß sich die Wiedervereinigung für ihn gelohnt hat, als im östlichen Ausland. Das hätte sich der Ost-Tourist nicht träumen lassen, daß er gleich hinterm Grenzübergang Richtung Eger, wie Cheb wieder heißt, eine Tschechin zu kaufen kriegt. Jetzt, wo sie die D-Mark haben, zahlen Ostdeutsche den Polen, Ungarn, Bulgaren, Rumänen und den liebedienerischen Tschechen heim, daß sie als DDR-Bürger oft neidisch hinter dem Westmark-Touristen in der zweiten Reihe stehen mußten. Wie lieblos wurden sie damals von den Kellnern und dem Hotelpersonal behandelt, fast wie Einheimische, und wie oft bekamen sie zu hören: «Deutschland gutt, DDR nix gutt.»

Das alles ist aber noch gar nichts gegen das orgiastische Erleben, als frisch zum Großdeutschen mutierter Ostler in Moskau die Marktwirtschaft erklären zu dürfen.

Als Händler werden Polen in den Grenzregionen – einschließlich Ostberlins – seit eh und je toleriert. Noch im vierten Jahr der deutschen Einheit bleibt Ostberlin aber eine weitgehend ausländerfreie Zone: Zwölf von hundert Berlinern sind Ausländer, aber sie wagen sich nicht in das feindlich-eisige Klima der östlichen Großbezirke Marzahn, Hellersdorf, Hohenschönhausen.

In allen fünf neuen Provinzen hat der Ostler – neben dem Westler, der nicht teilen mag – einen neuen Gegner seines Aufstieges zum gesamtdeutschen Vollbürger ausgemacht, den Ausländer. Für einen polnischen Arbeitnehmer muß ein deutscher Unternehmer 360 Mark monatlich aufwenden, für einen deutschen 6000! Ein Bauer aus dem Spreewald erzählte der «Wochenpost»: «Meine Frau hat keine Arbeit mehr. Die war in den Blumen. Jetzt arbeiten dort Polinnen und Russinnen für drei fuffzig. Für die ist das ein guter Verdienst, aber für uns doch nicht.» Das Arbeitsamt Frankfurt/Oder (offiziell angegebene Arbeitslosenquote über 15 Prozent) sprach 10000 Arbeitsgenehmigungen aus – für Polen, weil Deutsche nicht unter 15 Mark pro Stunde zupacken wollten. Die Polen leben nicht unter der Zwangsvorstellung, dem westdeutschen Arbeitnehmer gleichgestellt werden zu müssen. Für die Ostdeutschen aber ist das nicht (nur) eine materielle Frage, sondern der sensibelste Punkt ihrer Psyche: Einheitliche Löhne gelten ihnen als das entscheidende Kriterium einheitlicher nationaler Identität. Einen Mecklenburger trennen Ende 1993 von einem Hamburger Welten – in Hamburg liegt die Kaufkraft doppelt so hoch. Indem Polen ihre billige Arbeitskraft anbieten, unterlaufen sie unsolidarisch den Drang der Ostdeutschen, endlich Vollbürger der BRD zu werden.

Vielleicht ahnten die Regierungsparteien und die SPD wirklich nicht, was sie anrichteten, als sie 1992 die *Asyldebatte* lostraten. Vielleicht waren sie selber überrascht, daß sie damit den alten Kampagnen-Mechanismus bei den OMs angestoßen hatten, die Entfaltung einer *breiten Volksbewegung*. Vielleicht haben sie wirklich nicht für möglich gehalten, wie viele Ressentiments in einem «Volke» wabern, das mehrheitlich auf Antifaschismus vergattert worden war und das noch im Herbst 1989 gern Brechts Kinderlied zur Staatshymne haben wollte, in dem der schöne Satz steht: «Und nicht über und nicht unter andern Völkern woll'n wir sein...» Hier hätte dem Kanzler die Aufarbeitungskommission seines Parteifreundes Eppelmann mit Exerzitien in ostdeutscher Massenpsychologie beispringen können. Helmut, hätte Rainer zu ihm sagen müssen, rufe diese Ossis nicht – die sind imstand und kommen.

Und wie sie kamen. Zum ersten Mal seit vierzig Jahren waren für die OMs *Volkswille* und *die Interessen unserer Werktätigen* nicht nur Sprüche der Ideologen, die sich ihrer Unfehlbarkeit versichern wollten: Jetzt war es wirklich an ihnen, den OMs, das neue Deutschland zu gestalten. Das Alltagsleben stellte sich auf den – vorerst – stillen Bürgerkrieg um. Arbeitslose und Hausfrauen notierten, was sich Asylanten den Tag über im Wohngebiet zuschulden kommen ließen: wildes Urinieren, wildes Autowaschen, wildes Hammelschlachten. Hausgemeinschaften debattierten nächtelang im Gemeinschaftskeller über Resolutionen – «Wir sind zwar keineswegs ausländerfeindlich, aber...» Brandenburgische Wassergrundstücksbesitzer stellten ihre Wiesen für Sonnenwendfeiern, getarnt als Familienfeste, zur Verfügung. Die überall wiederauferstandenen Schützenvereine deutsch gesinnter Männer sorgten dafür, daß die Denkmäler für gefallene Russen und Opfer des Faschismus hinter Erdhaufen verschwanden. In jedem größeren Nest wurden fürsorglich Baseballschläger feilgeboten, obwohl es im ganzen Osten nur vier Baseballclubs gibt...

Als das große Halali im Osten anhob, hätten es sich die politischen Eliten verkneifen müssen, immer wieder die balkanesischen Taschendiebe und die Dealer aus Fernost zu einer weltweit agierenden Mafia zu addieren, die Hütchenspieler vom Kurfürstendamm als blutrünstige Gewalttäter zu enttarnen, den Sozialneid auf heruntergekommene, zugige Rostocker Plattenbauwohnungen zu schüren oder die vietnamesischen Zigarettenhändler als Agenten eines asiatischen Syndikats zu entlarven, deren Mitglieder sich mit Samurai-Schwertern zu enthaupten pflegen. Sie verkniffen es sich nicht, im Gegenteil: Spätestens seit Hoyerswerda wußten die Politiker genau, was sie taten. Die Krakeeler, die verloddertsten und geistig verlumptesten der angeblich Zukurzgekommenen, wurden in die Spur geschickt, das *Asylantenproblem* auf volkstümliche Weise zu lösen. Da haben die ehemaligen Bürger der ehemaligen Deutschen Demokratischen Republik glücklich erfahren, wie nützlich sie dem neuen Staate sein können. Sie werden in Zukunft stets parat stehen, wenn sie gerufen werden, auf sie ist Verlaß.

Gewiß: Die Vereinigung der beiden Deutschländer hat das Klima auch im Westen verändert. Drei Jahre vor der Einheit konnten die Versuche, Auschwitz in «übergreifenden nationalgeschichtlichen Zusammenhängen» zu marginalisieren, eine «Vergangenheit, die nicht vergehen will» zu normalisieren, noch aufgehalten werden. Heute kann man im Westen ziemlich unwidersprochen das vereinigte Deutschland als glückliche Vollendung des Bismarck-Reiches lobpreisen (in Bismarck ein Idol zu sehen, so ermittelte Frau Noelle-Neumann, ist eine der wenigen Gemeinsamkeiten der Deutschen in Ost und West) und den Modernisierungsschub der Nazis gegen deren Verbrechen aufrechnen. Auch in Westdeutschland wurden Ausländer von Deutschen bei lebendigem Leibe in ihren Häusern verbrannt, auch im Westen rudeln sich neue Nazis zusammen. Aber im Westen fühlt sich nicht – wie in Rostock – «die Bevölkerung» (Ministerpräsident Seite) herbeigerufen, für die Regierung ein Problem zu lösen. Im Westen gehen nicht ganze Populationen zum Pogrom über. Dort herrscht (noch) nicht das bestürzende Einverständnis zwischen den Generationen, der jungen Schlägertrupp- und Skinheadgeneration mit der kleinbürgerlichen Mitte. Im Osten setzen jugendliche Minderheiten Verhaltensnormen außer Kraft, gegen die zu verstoßen sich die Älteren (noch) nicht trauen; und was den Alten nicht peinlich ist, dafür müssen sich die Jungen nicht schämen.

Die Mordbrennereien waren auch OM-Dankbarkeitsadressen an die herrschende politische Kaste. In der Wiedervereinigung vollzog sich nämlich nichts anderes als der Mythos vom Nationalen, und wer sich seiner würdig erweisen will, muß national agieren. Das haben eben große geschichtliche Phasen so an sich: Heiße Emotionen wallen, es gibt viel Pathos, aber wenig Recht. Ein rechtsfreier Raum öffnet sich immer, wenn ein kräftiger vaterländischer Wind weht. Das ist der Raum, wo die Tat im Affekt, wo das Grölen in Hysterie und Suff patriotische Leistungen darstellen.

Als die Wiedervereinigung den Ostdeutschen versprochen war, gab es buchstäblich nichts, was alle Deutschen hätte verbinden können. Die offiziellen Reden zum 17. Juni taten sich zunehmend schwer. Die rasche Einheit wollten allein die Ostdeutschen. Und auch das erst im November 1989, gleichsam aus einer Laune heraus. Für ihr gereiztes Füßescharren auf den Deutschland-einig-Vaterland-

Umzügen griffen sie den Anachronismus der nationalen Sinngebung gern auf, hätten sie doch sonst auf ihre Transparente schreiben müssen. «Ihr bac soll auch unser bac werden!» oder «Dr. Oetker endlich wieder in Leipzig!»

Zwei Drittel der Westdeutschen wünschten sich zu diesem Zeitpunkt Beziehungen zum Staat ihrer Schwestern und Brüder ähnlich denen zu Schweden oder der Schweiz. Ein bißchen Feuerwerk und das tausendmal in jede Stube im Westerwald gesendete Fallen der ersten Mauersegmente machten für ein paar Wochen vergessen, daß nichts anderes die Deutschen zueinander zog als das deutsche Reinheitsgebot: Alles, was deutsch ist, gehört zusammen. Und da ist auch nichts dazugekommen. Seither fühlen die Ostdeutschen den Auftrag – *Mahnung und Verpflichtung* –, alles, um dessentwillen sie bei den Westdeutschen gnädigen Anschluß gefunden haben, sauber-, hoch- und durchzuhalten, koste es, was es wolle. Von daher haben sie ein existentielles Interesse daran, den völkischen Konsens durch eigene Taten immer aufs neue zu beschwören. Er ist die einzige moralische Grundlage nicht nur für die Transferzahlungen des Westens an den Osten, sondern auch für die dauerhafte Zulassung der OMs als gesamtdeutsche Mitläufer (GMs).

Der Mitläufer West kann vom Mitläufer Ost allerhand lernen. Was sie vereint, ist ein unbestimmtes Sehnen nach klaren Vorgaben, und das wurde im Stalinismus leichter befriedigt als im pluralistischen Westen. Aber vielleicht bekommen die GMs eines Tages eine Regierung, die sie vertrauensvoll fragen können: Amerikaner, vor allem Neger – sind das auch Fremde? Oder: Obdachlose, Wagenburgler – sind das auch Deutsche? Oder: Chilenische Straßenmusik – ist das erlaubt in Deutschland, wenn ja, bis wieviel Uhr?

Die Regierung Kohl kommt den Erwartungen der nach Halt und Stütze haschenden Ostler entgegen, beispielsweise mit einer Aufforderung, die den OMs vertraut klingen dürfte: Wen immer man erschlägt, wo immer man Brände legt, man sollte dabei an das Ansehen der Nation im Ausland denken. Wenn die kahlen Buben gar zu feurig waren, bleibt immer noch der obrigkeitsstaatliche Aufruf zum nationalen Lichterreigen: Zündet Kerzen an und keine Türken! Ein warmes, menschengemeinschaftliches Gefühl durchströmt die Reihen der OMs. Schon einmal durfte man, wie die richtigen Westler, bei einem Rührstück dabeisein: auf Befehl von BILD beim Päckchenpakken für Rußland. Jetzt endlich kann man mit dem Lichtlein in der Hand zeigen, wie weihnachtlich der Nationalismus in Deutschland ausschaut. Während ungedruckte Lyrikerinnen in Asylheimen lasen, wurde schon an der Prosa des Abschiebeparagraphen gefeilt. Da standen sie Knie an Knie, die ostdeutschen Spießer und die westdeutschen. Denn sie sind plötzlich vielfach *betroffen* – über Hünxe, Solingen und Mölln, aber auch über das, was sie sich mit den Ostlern aufgeladen haben, denn «nichts verdirbt den Wessis die Einheit gründlicher als die Sorge, daß die Ossis auch sie wieder wie häßliche Deutsche aussehen lassen» (Adolf Muschg). Mit der «ehrlichen» Präsentation ihrer Handlungs- und Hilflosigkeit haben die GMs der Politik das Mandat zum Handeln gegeben, und die übersetzte das als Mandat zur Tilgung des Asylrechts.

Nein, im deutschen Geist steckt nicht nur Widerliches, sondern auch viel Liebes, viel Sozialarbeitergebrabbel – «man darf sie doch nicht sich selbst überlassen». Allein in Brandenburg sind 70 Prozent der Jugendklubs «weggebrochen»; ist es da ein Wunder, daß junge Sozialisten stracks zu Faschisten werden? Inzwischen gibt es in der Oder-Region kaum noch einen Klub, der nicht von Stiefelknechten besetzt ist. In Brandenburg hängt die gesamte Faschoszene an öffentlichen Geldtöpfen, insbesondere des bundesweiten Förderprogramms «Jugend gegen Gewalt». Ein Schwarm von Sozialarbeiterinnen wuselt dort herum und versucht mit den Glatzen «Der Plumpsack geht um» zu spielen. Man macht Exkursionen in die heimische Flora und Fauna – damit sich die verkrusteten Herzen beim Summen der Bienen wieder öffnen – und absolviert nebenbei diese und jene praktische Übung. Oder man macht – wie unter der Dienstaufsicht des Dresdener Oberbürgermeisters geschehen – mit einem ausgewählten Personenkreis – Gauleitern, Scharführern, NS-Schulungswarten – eine Kaffeefahrt von Dresden nach Israel, um das ganze *nichtkoschere Gemauschel* einmal an Ort und Stelle zu studieren. Schwedt, ein Nest von erbarmungswürdiger Häßlichkeit hundert Kilometer nordöstlich von Berlin, nennen die lokalen Zeitungen inzwischen mit Vorliebe

«Browntown». Vom dortigen Jugendamt werden stadtbekannte Prügelnazis als Ordner bei Rock-Konzerten eingesetzt, die auch regelmäßig ihres Amtes walten. An Schwedter Schulen werden unter den Augen der als «DDR-belastet» eingestuften Pädagogen *Babyskins* rekrutiert und dem Hauptquartier der rechten Szene in einer der tristen Plattenbauwohnungen zugeführt, wo der aus Bielefeld übergesiedelte Führer der Bewegung residiert.

Einschließlich der Republikaner erklären seit 1991 alle rechtsextremen Gruppierungen, zum Teil inzwischen verboten, ihre Massenbasis befände sich im Osten. Die Westler springen mit Erklärungsmustern bei, die sich wie Restposten aus dem Fundus der Basis-Überbau-Dialektik anhören – die Theorie von der Verelendung der Massen, diesmal nicht mit revolutionärem Ausgang, sondern mit dem Übertritt ins Animalische: Wenn es den Leuten drekkig geht, wenn sie nicht in ein ordentliches Ausbeutungsverhältnis kommen, dann müssen sie zu Mördern und Brandschatzern werden, dann muß doch die Stammtischgemütlichkeit in mörderische Betriebsamkeit umschlagen! Als mildernder Umstand wird, neben der jugendlichen Unreife der Täter, ihre kulturelle Desorientierung ins Feld geführt. Man kann von derart unterprivilegierten Leuten nicht die Einsicht verlangen, daß das Verbrennen von Menschen, strenggenommen, nicht statthaft ist.

Die Formeln sind so griffig, daß sie auch von den Nazis zur Legitimation genutzt werden: Vergoldet uns die Ärsche, dann sind wir auch lieb! Die Jungnazis haben sich auch schon in die Klubs der DDR-Nostalgiker eingeordnet. Werte wie Disziplin und Gehorsam, eine straff organisierte Jugendbewegung, Kollektivgeist und ein mit Schnipseljagden und Wehrsportübungen ausgefülltes Freizeitleben lassen sie nicht verunglimpfen.

Aus dem Osten kommt der Schub für die nationale Bewegung. Nirgendwo in Deutschland werden Nazisymbole so offen gezeigt wie im Osten. Dort stützt man sich bei der Rekrutierung der Schlägertrupps auf Jugend-, Sozial- und Schulämter, dort findet man hochmotivierte, disziplinierte junge Patrioten, die im Mann-gegen-Mann-Kampf solide vorgebildet, trinkfest und begeisterungsfähig sind – und die vor allem viel Zeit haben.

Der Schritt in die Barbarei, die faktische Abschaffung des Grundrechts auf Asyl, geschah letztlich im Namen der Zündler und Brandflaschenwerfer und ihres traditionell beifallsfreudigen Publikums im deutschen Osten. Alfred Dregger nannte diesen Schritt völlig zu Recht eine «populäre Maßnahme».

Nun herrscht eitel Freude und Sonnenschein. Deutschland genießt seine neue Normalität – vergelt's Gott! Es hat sich in den Herkunftsländern herumgesprochen, daß mit den Deutschen nicht gut Kirschen essen ist. Die Deutschen sind erstmals seit der Euphorie der Wiedervereinigung wenigstens in einer Frage wieder eine Gemeinschaft. Das haben sie sich nach der nicht enden wollenden Tristesse, die dem 3. Oktober 1990 folgte, aber auch verdient. Kohl hat eben noch immer ein Gespür dafür, wie man selbst dem eher linkslastigen Wechselwähler eine Freude machen kann. Auch in der Linken, auch in der PDS, ist man erleichtert, daß ein Problem zunächst vertagt ist, mit dem man in den Wahlkämpfen 1994 eine unglückliche Figur gemacht hätte.

Unwidersprochen geht heute der faschistisch-technokratische Sprachgebrauch durch: «die Maßnahmen haben gegriffen» oder «keine Engpässe mehr in der Abschiebehaft» oder «Bereitschaftsdienst rund um die Uhr zur Prüfung von Abschiebevoraussetzungen». Fremde sind in Deutschland wieder ein Aktenvorgang geworden. Das «Asylproblem» ist ein Problem der Diensteinteilung, der «Einsatzbereitschaft unserer Beamten». Die Sprache des Dritten Reiches war nie eine tote Sprache, zum «Schutzhäftling» wurde der «Abschiebehäftling» hinzuerfunden.

Nur Brandenburger Bürgermeister haben Kummer. Sie bangen inzwischen um die Kopfgelder, die sie aus Landeszuschüssen für die Unterbringung der Fremden bekommen haben. Jetzt müssen sie die Unterkünfte dichtmachen, maulen sie, die sie so lange vor dem Niederbrennen geschützt haben.

Und es sind wieder in erster Linie die Ostdeutschen, die zur Fahne eilen. Entlang der Grenze, hinter der der Pole lauert – mit ihm das gesamte neidische Ausland –, sagen sie ihrem beschaulichen Sozialhilfeempfängerdasein ade und wetteifern um eine Anstellung als Hilfs-Grenzschützer. Notdürftig im finalen Fangschuß und im Bergen von Ertrinkenden unterwiesen – der Pole schwimmt gern durch die Oder –, finden sie sich in Bataillonen wieder, die nicht ganz Bundesgrenzschutz sind, nicht ganz Bundeswehr, nicht ganz Polizei – aber von allem etwas: Volkssturmeinheiten, Kampfgruppen der demoralisierten Arbeiterklasse. Die Kommandeure aus dem Westen sind des Lobes voll: Einsatzbereitschaft und Disziplin sind hervorragend, viele der Kämpfer sind fachlich sichtlich unterfordert. Vielleicht haben einige noch Berührungsängste gegenüber der neuen Technik und wünschen sich statt der Infrarotkameras und der auf die Wärme ausländischer Körper reagierenden Apparate die guten alten Selbstschußanlagen zurück. Dann geht auch schon mal der Jagdtrieb mit den Söhnen der DDR etwas durch.

Einige hundert Meter im Hinterland patrouillieren die ersten freiwilligen Bürgerwehren, spontane patriotische Gründungen, die inzwischen in zahlreichen ostdeutschen Gemeinden die *wehrhafte Demokratie* von Innenminister Kanther verkörpern. Zuweilen sind diese Formationen nichts anderes als Knüppelgarden des kleinstädtischen Mittelstandes. Man pflegt das Ritual des Wachwechsels und den Kommißgeist der Wachstube.

Mit diesen *Aktivitäten unserer Bevölkerung*, wie das im Sozialismus hieß, wird im Alltag der Bundesrepublik nur geradegerückt, was durch die Herbstrevolution für ein paar Wochen ins Wanken geraten war. Wir erleben die Wiedereinsetzung der OMs in ihre Biographien, aus denen sie in den Wirren des Umbruchs geschleudert worden waren.

Sie können frohen Mutes sein, denn ein jeder kann wieder machen, was er schon früher am liebsten gemacht hat: Der Stasipersonenschützer ist Personenschützer im Bundeskanzleramt, der Offizier der Volkspolizei betätigt sich als Kaufhausdetektiv, der DDR-Grenztruppen-Zugführer tut sich als Menschenjäger an der Oder hervor. Was treiben die da eigentlich, warten sie auf den Tag X?

Auf der Strecke bleiben die Unambitionierten, die eine Leidenschaft weder zum Denunzieren noch zum Überwachen haben, die sich nicht um Posten und Pensionen balgen. Auf der Strecke bleiben die paar Millionen, die nichts anderes gelernt haben, als auf Arbeit zu gehen...

Ostler greifen an

Lieber junger ostdeutscher Freund!
Heute ist für Dich und Deine Eltern ein besonderer Tag. Du wirst in die Reihen der Erwachsenen aufgenommen. Dürfen wir trotzdem «Du» sagen, die Vertrautheit pflegen, die unter uns Ostlern üblich ist? Dieses Büchlein soll Dich auf Deinem Lebenspfad begleiten und Dir Rat spenden, wenn Du, ein Neufünfländer durch vorgeburtliches Geschick, in die große Welt kommst, vielleicht eines Tages bis Hannover.

Von heute an kannst Du sagen: Ich will das Werk meiner Väter und Vorväter fortsetzen. So wie sie aus jedem System das Beste herausgeholt haben, stets verläßliche Staatsbürger waren, so soll es auch mir gelingen. Du weißt ja inzwischen, daß uns Ostler von den übrigen Deutschen vor allem unterscheidet, daß wir vor nicht allzu langer Zeit einmal in einer Gesellschaft lebten, in der alles wie am Schnürchen klappte. Durch die politischen Wirren der letzten Jahre und die übertriebene Eilfertigkeit der Westdeutschen, die bei uns Frankfurter oder Hamburger Verhältnisse schaffen wollten, sind wir ein Stück weit von diesem erfolgreichen Kurs in seiner Dialektik von Kontinuität und Erneuerung abgekommen.

Um so wichtiger ist es für uns, in ein schöneres Morgen zu träumen. Wovon dürfen wir träumen? Wir träumen davon, daß alles, was gut und bewahrenswert war, wieder in unser Leben, ja, das Leben aller Deutschen Einzug hält. Schauen wir einmal gemeinsam ins Jahr 2005! Keine Angst, lieber junger ostdeutscher Freund, das ist gar nicht so schwer.

Ost-Berlin, genauer, der Palast der Republik, ist dann Sitz unserer Regierung. Der Kanzler kommt vielleicht aus Oschatz bei Leipzig oder aus Niederlehme bei Königs Wusterhausen. Vielleicht bist es Du! Von Ost-Berlin aus wird in ganz Deutschland der Wettbewerb um die «Goldene Hausnummer» geführt, die Hausgemeinschaftskollektive erringen können, wenn sie gemeinsam die Dokumente der Partei und der Regierung auswerten, Theaterereignisse besuchen und manchmal zünftig miteinander feiern. Im Jahr 2005 werden endlich gleiche Lebensverhältnisse in Deutschland erreicht sein. Alle Westdeutschen verdienen nur noch achtzig Prozent ihres heutigen Bruttogehalts, genausoviel wie wir im Osten. Was aber noch wichtiger ist: Der Grünpfeil ist deutschlandweit auch – und vor allem – für Linksabbieger eingeführt worden.

Für alle Menschen, die zum Zeitpunkt der Währungsumstellung in der einstigen DDR gelebt haben, werden die Konten als Wiedergutmachung für damalige Verluste 1 : 2 umgestellt. Natürlich versuchen jetzt viele Deutsche nachzuweisen, daß sie eigentlich Ostler sind, und leugnen ihre Vergangenheit. Deshalb werden Kommissionen eingesetzt, die die Vergangenheit aller Westdeutschen durchleuchten, viele fliegen von ihren Posten, wenn sie sich zur Vorteilserschleichung als Ostler ausgegeben haben. In ihren Akten entdecken jetzt viele Ostdeutsche, wie dreckig mancher Westdeutsche seit 1989 über sie gesprochen hat und wie die Ostdeutschen durch üble Nachrede («mangelnde Körperhygiene», «zitierte beim Blick auf seinen Kontoauszug Lenin: Was tun?», «hält Sartre für einen französischen Käse») von den Kommandohöhen der Gesellschaft ferngehalten wurden.*

*Glücklicherweise gibt es inzwischen eine ostdeutsche Kammer im Bundesrat, die in allen wichtigen Fragen viel für uns getan hat: Die Treuhandanstalt** wurde zu Reparationszahlungen verpflichtet,*

* *Frage Deine Eltern, was das war! Laß Dir Andenken aus dieser Zeit – Orden, Verpackungen, Parteiausweise – zeigen!*

** *Laß Dir vom Parteisekretär Deines Wohnortes über die Verbrechen dieser Behörde berichten und Bilder von der Zitadelle Spandau zeigen, in der Frau Breuel einsitzt!*

eine Gruppe ostdeutscher Pastoren und ehemaliger Führungsoffiziere kontrolliert die Kommentare der ARD und des ZDF vorab auf ostfeindliche Zungenschläge, und ein Wiederaufbauprogramm für mutwillig zerstörte Denkmale im Osten wurde verabschiedet. Infolge der Industriepolitik des vergangenen Jahrzehnts ist der Osten zu einem blühenden Nationalpark geworden, in dem Zebus, Elche, und – trotz geschlossener Ostgrenze – polnische Wölfe heimisch geworden sind. Viele Westler versuchen als Landschaftspfleger oder Golfplatzwarte bei uns unterzukommen. Um diesen Zustrom von Fremden und Andersdenkenden einzudämmen, versuchen wir, ihnen bessere Lebensbedingungen in ihren Heimatorten zu schaffen. Deshalb wurden die Grundlagen der ostdeutschen Ernährung – Spreewälder Gurken, die Kartoffelsorte «Adretta» und Eberswalder Griebenfett – auch in den alten Bundesländern eingeführt. Schön ist das Leben, schön!*

*Wenn nur der Neid der Westdeutschen auf alles und jeden bei uns im Osten nicht wäre! Aber, wie Helmut Kohl immer sagt: «Sind das nicht alles Probleme, über die wir uns freuen sollten, weil sie durch die Wiedervereinigung erst möglich geworden sind?»***

Du siehst also, lieber junger ostdeutscher Freund, es lohnt sich auch für Dich, in der Heimat zu bleiben. Denn zu Hause kannst Du viel in die deutsche Einheit einbringen. Was das wohl sei, fragst Du noch etwas ungläubig. Unser wertvollstes Gut sind unsere Menschen und unter ihnen wiederum unsere Unterhaltungskünstler und Geistlichen – wie Friedrich Schorlemmer und Joachim Gauck samt seinem jesuitischen Institut – und unsere erprobten Propagandisten, die Genossen Wolfgang Thierse und Günter Schabowski etwa, die Du ja oft im Fernsehen siehst. Auf dem «Weg ins Leben», wie der große sowjetische Pädagoge A. S. Makarenko den steinigen Pfad zu gleichen Lebensverhältnissen in ganz Deutschland einmal nannte, gilt es, die Fackel unserer Herbstrevolution weiterzutragen. Sie hat uns heim-

* *Frage Deinen Vater nach seinem Führungsoffizier, laß Dir aus dessen kampferfülltem Leben berichten!*

** *Diese Frage brauchst Du nicht zu beantworten, denn sie hat rhetorischen Charakter.*

geleuchtet ins gemeinsame Vaterland, in dem auch die Westdeutschen dereinst ihren Platz haben werden. Auch wenn sich die Ewiggestrigen aus der früheren BRD im Feuer unserer nationalen Leidenschaften hin und wieder den Bart verbrennen.

Allen friedliebenden Menschen an Ruhr, Ems, Rhein, Main und Neckar sowie allen anderen Gewässern reichen wir über die frisch vernarbte Grenze die Freundeshand. Aber sie sollen auch wissen: Die Zeiten sind vorbei, wo wir so werden wollten wie sie. Wir wollen bleiben, wie wir sind, das heißt, wir wollen wieder was werden. Weltoffen sind wir bereits – aber nicht prinzipienlos, dynamisch – aber nicht leichtlebig, optimistisch – aber nicht so, daß es gleich jeder merkt.

*Bahnen wir der Nation den Weg in eine moderne Epoche! Und beherzigen wir die Variation auf unsere alte Losung: So wie wir heute leben, wird man morgen auch im Westen leben müssen. Die Morgenröte einer neuen Zeit zieht über Frankfurt / Oder herauf. In ihrem Scheine marschieren Abermillionen sicheren Schritts. Reih auch Du Dich ein! Werde OM!**

Wir sollten einander unsere Biographien erzählen, sagte einst eine deutsche Dichterin. Die Ostdeutschen den Westdeutschen, die Westdeutschen den Ostdeutschen, ein großes autobiographisches Volksgemurmel über die Demarkationslinie hinweg, bei Jacobskaffee und Plätzchen aus dem Hause Bahlsen. Sie sagte es zu einer Zeit, als man landauf, landab noch frohen Mutes war, die Einheit der Deutschen könne sich aus dem Einander-in-die Augen-Schauen wie ein innig Band zwischen uns flechten. Das sollte – der Mauer in den Herzen, den Tretminen in den Backenzähnen, den Selbstschußanlagen in den Lenden zum Trotz – ein Beitrag zur allgemeinen Volkshygiene werden.

Der Vorschlag der Dichterin konnte nicht in ganzer Schönheit realisiert werden, wiewohl sie selbst nicht hinterm Berg hielt und noch jede Unappetitlichkeit, die bisher nicht im Gesamtwerk Platz gefun-

* Anmeldeformulare sind bei unseren Ortsgruppenleitern vorrätig.

den hatte, in schnödes Bekennerdeutsch faßte und dem Feuilleton übergab.

Es stellten sich nämlich drei unvorhergesehene Schwierigkeiten ein. Die erste: Trotz krampfartigen Nachdenkens konnten sich die Westler nicht erinnern, eine Biographie gehabt zu haben. Sie konnten zwar rekapitulieren, wann sie sich ihren ersten Opel gekauft hatten und warum sie irgendwann doch auf einen Japaner umgestiegen sind; sie konnten sich erinnern, daß sie im Sommer 1970 in Spanien schrecklich übers Ohr gehauen worden waren; sie wußten noch, warum es finanziell viel günstiger gewesen war, die Oma zu Hause und nicht im Seniorenheim sterben zu lassen.

Das war's dann aber auch schon. Nichts wissen sie von dem trickreichen Spiel zwischen oben und unten. Keine blasse Ahnung haben sie, auf welch raffinierte Weise man eine Wahrheit sagen kann, ohne sie auszusprechen, und wie man aus einer Zeitung herausliest, was absichtlich nicht drinsteht. Nie werden sie das Hochgefühl kennenlernen, in einem Haufen dummen Volks plötzlich auf Gleichgesinnte zu stoßen, wenn die sich mit ein paar Gesten und Worten zu erkennen geben. Sie werden nicht verstehen, welche unzertrennlichen Bande zwischen Leuten entstehen, die nächtelang auf der Suche nach Weltverbesserungsideen zusammenhockten. Den Stolz auf eine Leistung, die kaum eine Prämie einbrachte, werden sie immer belächeln. Und daß Arbeiter nach der Schicht zum Politisieren und Zotenerzählen noch gemeinsam in die Kneipe gingen, wird ihnen ewig ein Rätsel bleiben. Natürlich werden sie auch nicht begreifen, wie jemand einfach sagen kann «in unserer DDR» oder «bei uns im Sozialismus», ohne dabei fies zu grinsen oder dreimal hinter sich zu spucken. Bis an ihr Lebensende werden die Westdeutschen nur zwei Kategorien von Ostdeutschen kennen: arme Schweine und gemeine Schweine. Das alles ist denen auch nicht mehr beizubiegen. Sei's drum.

Das zweite Problem beim Biographien-Erzählen bestand darin, daß es sehr schnell nicht mehr darum ging, wie es in der DDR eigentlich gewesen ist, was es da zu lachen und zu weinen gab, was man hatte werden können und lieber nicht geworden ist, sondern nur noch darum, was es kosten würde, die Mitläuferschaft bis zur Jahrtausendwende einigermaßen ruhigzustellen. Wenn wieder einer anhub, seine ostelbische Lebensgeschichte zu beichten, argwöhnten die Westler bald, er wolle am Ende doch nur Geld haben, *mehr* Geld. Das ganze Eiapopeia vom *Gräben-Zuschütten-und-aufeinander-Zugehen*, vom *Wunden-Heilen*, vom *Mauern-Überwinden*, kurz, das ganze Friedrich-Schorlemmer-Gesabbel und Richard-von-Weizsäcker-Gedöns, war längst zur Phrase geworden, und die einzige Frage, die galt, lautete: Wer macht seinen Schnitt?

Das dritte Problem beim Biographien-Erzählen liegt bei den Ostlern. Wenn sie einmal gefragt werden, hören sie nicht wieder auf. Aus dem bravgemeinten Vorschlag der Dichterin ist eine schreckliche Wessifolter geworden, ein harsches Instrument zur Verostung der alten Provinzen. Ohne Punkt und Komma, ohne zwischendurch wenigstens mal von der Banane abzubeißen, spulen sie ihre Lebensfäden ab. Der ewige Minderwertigkeitskomplex wird im Erzählen überwunden.

Drei Jahre deutsche Einheit haben die OMs genutzt, ein Gespinst von hanebüchenen Widerstands- und Anpassungs-, Opfer- und Helden-Stories übers liebe Vaterland zu breiten. Die Landsergeschichten der Väter erreichen uns nun doch noch in sozialistischem Gewand. Beim Erzählen kommt plötzlich Farbe in die Schwabbelgesichter, da werden sie alle zu kleinen Schwejks oder Willy Millowitschs. Ihr Kleinbürgersozialismus erzählt sich als eine Folge von Bubenstreichen: ein bißchen Pippi Langstrumpf, ein bißchen Olsenbande – die DDR als Abenteuerspielplatz, wo man pfiffigerweise *Bückware* organisierte, Volkspolizisten an der Nase herumführte und Funktionäre merken ließ, wie doof sie doch sind.

Die Illustrierten sind voll von ostdeutschem Schicksalskitsch, alles Romane. Der Roman «Meine Akte spricht zu mir», der das schaurig-schöne Schicksal des für Hausmusik recht begabten Opernsängers Emmerlich erzählt, wird nun schon ins vierte Jahr der deutschen Einheit fortgeschrieben. Der Mecklenburger Ministerpräsident strickt an der Story «Zwischen lauter Schweinen – ein Kreistierarzt im Widerstand», und der Politbürokrat Schabowski rezitiert bei jeder Talkshow aus seinem autobiographischen Heldenepos «Wie ich Honecker und die Mauer stürzte».

Am meisten unter der *SED-Diktatur* gelitten haben jene Unterhaltungskünstler, die schon in den siebziger Jahren dazu verdammt waren, ihren Nachmittagskaffee im Kranzler auf dem Kudamm einzunehmen, die Volvos fahren mußten, um das triste sozialistische Stadtbild zu beleben, und die Honorare kassierten, neben denen sich der Lohnstreifen eines Generaldirektors wie der eines Botenjungen ausnahm. Was haben diese Leute darunter gelitten, in Wandlitz immer den Affen machen zu müssen.

Die Geschichten vom heimlichen Widerstand beginnen fast immer in falscher Bescheidenheit mit dem Satz «Helden waren wir nicht». Als ob ausgerechnet der fade Westdeutsche, der Helden nur von der Ostfront kennt, etwas anderes erwarten dürfte.

Kleiner Exkurs über einen Prototyp

«Ein Held war ich nicht», so begann auch die Lebenslüge des Sachsen Steffen Heitmann. Dabei hatte er gar keinen Anlaß, zerknirscht zu sein. Er war weder DDR-Ordensträger noch regimenaher Verantwortungsträger gewesen, weder Linksträger noch Rechtsträger, sondern – so der Kanzler – «Träger eines exemplarischen deutschen Schicksals». Helmut Kohl wird nicht bedacht haben, daß der Duden als Bedeutungsvariante für «exemplarisch» auch «abschreckend» nennt. Wenn etwas exemplarisch an Steffen Heitmann war, dann war es sein unaufhaltsamer Aufstieg zum ernstzunehmenden Kandidaten für das höchste Amt im Staate.

Steffen Heitmann steht für die Art und Weise, wie der aggressive Teil der natürlich vorhandenen ostdeutschen Opportunisten heute die Bundesrepublik vereinnahmt. Er ist der Prototyp des neufünfländischen Spießers, der anscheinend nur aus Verklemmungen besteht und sich mit einem erbarmungswürdigen Dauergrinsen über den Tag rettet. Treffend, wiewohl anständig, beschrieb «Neues Deutschland» Heitmanns Phänotyp: «Ein Turnlehrer, der menstruierenden Mädchen über den Schwebebalken hilft». Und doch hatte dieser Leisetreter seine Chance früher gewittert, sie schneller ergriffen und effizienter genutzt als mancher westdeutsche Kommunalpolitiker mit seinem gesicherten Wissen um *das politisch Machbare*.

Der ostdeutsche Mitläufer ist nie von sich aus parat. Er läßt sich rufen. Dann aber hält ihn nichts mehr, «dann gehe ich meinen Weg» (Heitmann). Ein bißchen rief ihn auch die Stimme des Blutes – sprich: «die große Sorge um diese unsere abendländische Gesellschaft». Die Stimme seines Herrn hatte dereinst auch den ehem. Günter Krause (in der ehem. DDR ehem. CDU-Kreisvorsitzender) erreicht, auch Angela Merkel (ehem. stramme FDJ-Sekretärin) und Reiner Ortleb (ehem. glühender Patriot im Offiziersrock der ehem. NVA). Noch im Wendejahr hat Steffen Heitmann seine Mitarbeiter in der Kirchenverwaltung vor der CDU seines künftigen Herrn gewarnt, um dann, als die Posten verteilt wurden, sofort zu ihr zu stoßen.

Die Glut der Männerliebe zwischen ihm und dem Bundeskanzler war seit einer Begebenheit entfacht, wie sie kennzeichnender für den versierten Mitläufer nicht sein kann: seit jenem Tag, als Heitmann den berühmten Vorschlag der Dichterin ostdeutscher Zunge wahr machte und anhob, dem Kanzler seine Biographie zu erzählen. Als Justizminister des Freistaates Sachsen führte er damals sein politisches Vorbild durch das *Gelbe Elend*, das legendäre Bautzener Zuchthaus, riß Zellentüren auf, hob Lokusdeckel an, mit jeder Geste Opfer, schaudernd und fröstelnd, als habe er selber da drin und da drauf gesessen – und nicht in seinem vom Grün der Gummibäume durchfluteten Kirchenbüro. Hier konnte er das gesammelte dramatische Vokabular – «menschenfeindliches Regime», «rote Diktatur» usw. – rapportieren, mit dem der Kanzler selbst gern seine geschichtsstiftende Leistung beim Durchbrechen des Eisernen Vorhangs beschreibt. Gerade der Mitläufer, der in der DDR nichts durchzustehen hatte, verspürt eine besondere Neigung zur politischen Justiz, zum Dingfestmachen von Kommunisten, zum Reinigen der Gesellschaft. Dabei kommt ihm seine «Leidenschaft für die Registratur» (Heitmann) zupaß. Das alles mag den Kanzler – ohnehin in Entscheidungsnöten – bewogen haben: Wenn einer den Ostbonus kriegt, dann der!

Dabei ist der Ostbonus nichts anderes als der Auswuchs eines Kanzlerirrtums, der seine Wurzeln im deutschen Herbst 1989 hat. Bis zu diesem Zeitpunkt war die Karriere Kohls vor allem die eines cleveren Personalpolitikers, der es auf allen Treppchen, auf die er sich hochgewuchtet hatte, verstand, Kontrahenten, Neider, Kritiker und Mitstreiter, die intellektuell übers Ziel hinausschossen, dauerhaft zu erledigen. So etwas wie «Volk» kam in seinem Kräfteparallelogramm nicht vor, allenfalls die «Menschen draußen im Lande».

Beim Exitus der DDR aber sah er bestürzt, daß wildgewordene Kleinbürger sich sehr schnell und massenhaft zu «Volk» zusammenrudeln können und dabei auffällig an Gemütlichkeit einbüßen. Seinen braven Pfälzern beispielsweise hätte er so was nie zugetraut. Der Schock sitzt tief. Daß im Osten eines Tages wieder unvermittelt «Volk» zusammenströmen könnte, hält er nunmehr durchaus für möglich. Alles, was er den «Menschen in den östlichen Bundesländern» zuliebe unternimmt, passiert ihm aus Angst vor dem Druck der ostdeutschen Mitläuferschaft, vor ihrer Gereiztheit, ihrer schlechten Laune, ihrem Boykott und ihrem Mundgeruch.

Helmut Kohl ist damit haargenau in derselben mißlichen Lage wie sein Amtsvorgänger Erich Honecker: Die Kleinbürger trotzen ihm ihre Art von Sozialismus ab. Wie der Staatsratsvorsitzende einst mit sozialpolitischen Geschenken die Gunst der Mitläufer erkaufte, so versucht es der Kanzler mit Morgengaben aus der Besenkammer der patriotischen Gefühle: Einen Ostdeutschen als Bundespräsidenten wollte er den unheimlichen Wählern im Osten schenken. Deshalb sollte das «höchste Amt» für die Ossiquote herhalten, so wie man heutzutage auf jedem Gynäkologenkongreß einen Ostler zur Verzierung ins Präsidium setzt.

Die Symbolik wurde allenthalben verstanden. Aber hätten sich die Ostdeutschen nicht tief gedemütigt fühlen müssen, wie es ihnen doch so leicht passiert, als ihr Kandidat quer durch alle politischen Lager als «Zumutung» gehandelt wurde? Sie blieben eigentümlich stumm – nirgendwo, nicht einmal in Sachsen, bildeten sich Heitmann-Solidaritätskomitees, wie es doch schöner ostdeutscher Brauch gewesen war, nicht ein einziges Mal wurde der Kandidat zu Schulweihefeiern oder Stapelläufen gerufen. Zunehmend genervt fragten sich auch die ostdeutschen Mitläufer: Muß es ausgerechnet der sein? Der ist doch so sehr unser Spiegelbild, daß er schon fast unsere Karikatur ist. Soll denn unser Repräsentant immer, wenn er unterwegs ist, daran erinnern, wie mickrig und lächerlich wir uns in der großen Welt ausnehmen? Haben wir uns als ewig fordernde, trübsinnige Ostler nicht schon unbeliebt genug gemacht vor den Deutschen im Mutterlande (doch, doch, sie haben ein Gespür dafür!)? Soll der Kandidat nun für die nächsten Jahre das Ärgernis abgeben, für das wir uns ständig bei den Westdeutschen zu entschuldigen haben?

Vielleicht hatte sich der Bundeskanzler wirklich vertan, als er das Kellner-Gesicht als künftige Gallionsfigur des Tankers Deutschland präsentierte. Genauer: das DDR-Kellner-Gesicht, schmierig, dreist, verschlagen. Aber daß Kohl auch noch von den Ostdeutschen gescholten wurde, sogar von solchen, die sich als ostdeutsche Abgeordnete in seiner Bundestagsfraktion eingenistet haben, daß selbst sein ostdeutscher Vize, der Sachse Eggert, in der Präsidentenfrage nur lasch an des Kanzlers Seite ging – das hat er nicht verdient! Er hatte es doch nur gut gemeint mit ihnen. Der Steffen hätte die nächsten beiden Amtsperioden als präsidialer Beweis dafür herumlaufen sollen, daß man es als Mitläufer in jedem System zu etwas bringen kann. Daß man es nur als Mitläufer zu was bringen kann.

Arnold Vaatz, der böse Finger am Biedenkopf, hätte beinah recht behalten: Heitmann als Präsident hätte «einen Motivationsschub für den Osten bringen» können, einen Schub, all die Fiesheiten, die sich die gewöhnlichen Opportunisten «zum Wohle des Menschen» – das heißt zu ihrem eigenen – in der DDR antrainiert haben, fürs neue Deutschland endlich mal rauszulassen. Mit Heitmann, der die Revolte der Dresdener im Oktober 1989 «hinter der Gardine» miterlebte, wäre das Mitläufertum aus dem Osten zu einer «für einen Deutschen achtbaren Vita» (Waigel) geadelt worden.

Vor aller Welt wäre sichtbar geworden, was die kleinen Schmarotzer am Sozialismus, die flinken Kleinparzellenkleinpächter aus der Schreberkolonie «Rosa Luxemburg», ins neue Deutschland einzubringen haben. «Bei uns war ja auch nicht alles schlecht.»

Hemmungslose Devotheit beispielsweise ist Steffen Heitmann in Fleisch und Blut übergegangen. Ihm sei «Zersetzung von Autorität verhaßt», gab er als Empfehlung zu seiner Person an. Viele Deutsche, klagte er, hätten zum heutigen Staat ein ebenso gestörtes Verhältnis wie früher viele DDR-Bürger zu dem ihren, zu dem er sich mit seiner ungebrochenen Mitläuferbiographie freilich nicht zählen mag. Der Ruf «von oben», er habe eine neue Funktion zu übernehmen, genügte dem Kandidaten für seine Motivierung vollkommen, ohne daß er sich auch nur eine Minute lang fragte, ob er das, was Kohl von ihm, geschweige was das Amt von ihm verlangte, denn auch wirklich kann. «Die Partei ruft – ich bin dabei», hieß die entsprechende Losung in der DDR. Oder, etwas ziviler, für die Köchin, die (nach Lenin) den Staat regieren sollte: «Der Mensch wächst mit seinen Aufgaben». Was, der wächst noch über sich hinaus? Eine ausgesprochen ungünstige Prognose für ihn – um ein Haar auch für Deutschland.

Ohne einen vorhergehenden Umschulungskurs für Präsidenten beherrschte er allerdings die DDR-Fähigkeit, auf Abruf eine «ganz hervorragende Stellungnahme» (Stoiber) abzugeben und jeden nur denkbaren Schwur auf die Treue zur Parteiführung zu leisten. Nach dem «Vorstellungsgespräch» (Heitmann) bei der CSU war klar: Selbst in dieser Gesellschaft war Heitmann von niemandem in seiner völkischen Terminologie zu schlagen. Soweit kann man es als gelernter DDR-Bürger bringen, à la bonne heure!

Unmittelbar nach der offiziellen Nominierung zum Kandidaten meldete sich Republikaner Schönhuber zu Wort und zeigte sich für eine künftige Koalition der nationalen Männer offen: Auch er hatte Heitmanns Ansichten nichts Rechteres entgegenzusetzen. Ein Sieg der Demokratie – den Republikanern war der Wind aus den Segeln genommen!

Man darf sich über die Absichten Helmut Kohls nicht täuschen: Natürlich paßte es ihm gut, daß die Drecksarbeit, Wähler vom rechten Rand abzuholen, ein Ostler übernehmen wollte. Aber so sehr pressiert es nun auch wieder nicht: Ihm hätte auch ein Kandidat genügt, der sich weniger als Lautsprecher ost- und westdeutscher Stammtische aufgespielt hätte, an denen *die Sache mit den Nazis* kleingewitzelt und *die Sache mit den Ausländern* hochgebrüllt wird. Doch wer im Osten sucht, kriegt eben so einen, kriegt eben den.

Unverkennbar alte Schule DDR waren Heitmanns Allergien gegen Fremde und seine hausschlachtene Sinnesart zu Homosexuellen (die für ihn eine Abweichung von der Natur darstellen). Vor dem Talent unseres Steffen, aus der Geschichte klassenmäßige Schlüsse zu ziehen, erblaßte die Geschichte selbst. Das wäre ja noch angegangen – aber die unfreundlichen Reaktionen im Ausland! Es sei an der Zeit, hatte Heitmann «laut überlegt», aus dem Tod von Millionen Juden nicht länger eine Sonderrolle Deutschlands abzuleiten, sondern «dieses Ereignis einzuordnen».

Das war natürlich schon nicht mehr nur tumbes Mitläufertum. Das befähigte schon zu Höherem.

Heitmann nutzte rigoros seinen Ostbonus. Nach einem Muster, das vor ihm andere Widerlinge aus der alten Mannschaft der OMs entwickelt haben und das man – vor allem im Westen – einfach kennen muß, will man vor diesen Typen künftig gefeit sein. Schamlos spielte er seine Minderbemitteltheit aus. Ein Präsident aller Deutschen, der sich Gnade vor seiner östlichen Geburt erzwingen wollte? Mitnichten. Seine ostdeutschen Defizite sah er ganz und gar nicht als Anlaß, Mitleid einzufordern. Sie waren ihm vielmehr Ausweis überlegener menschlicher Qualitäten, die den Kindern seines Landstrichs eignen: Wahrheitsliebe, kompromißlose Offenheit, eine sagenhafte Ehrlichkeit, Gespür für das, was den Normdeutschen bewegt. Noch bevor er anfing, sich vor seinen Geistesblitzen zu fürchten, bestand er darauf, bei ihm zu Hause, im naturwüchsigen Osten, zumal bei den durch und durch moralischen Sachsen, spräche man eben eine klare und schnörkellose Sprache und sei – wie die FAZ dem Kandidaten aufhalf – «von liebenswerter Direktheit». Klar, daß die verschlagenen, degenerierten, ewig lavierenden Westler, diese falschen Fuffzcher, das kalte Grausen anfiel.

Von wegen *Gräben zuschütten, Wunden heilen!* Heitmann feuerte im verbalen Bürgerkrieg der Deutschen mit: Hier im Osten müsse man – müsse vor allem er – eben leidvoll erfahren, daß die Westler einen dauernd mißverstehen, soll heißen: Die können eben nicht zuhören, diese Westler, für die sind wir alle nur dumme Ossis. Werden die Westler je begreifen, was für edle und aufrechte und tiefe Charaktere sich im stillen Gegenhalten gegen die SED-Diktatur geformt haben? Und beinahe wäre sogar des DDR-Bürgers europaweit verlachte Provinzialität zu politischen Weihen gekommen. Auf dem Berliner CDU-Parteitag 1993, wo der Primus sich an den Tisch des Paukers setzen durfte, fand es Kohl nachgerade empörend, daß man

Heitmanns geringe Auslandserfahrung bemäkelte, wo der doch nicht habe reisen dürfen (von privaten Westreisen mal abgesehen, von denen er im Kirchenbüro schwärmte). Wie hätte er denn «unter dem Regime» Weltläufigkeit gewinnen, sein sächsisches Idiom durch wenigstens eine Fremdsprache ergänzen und obendrein bekannt werden können? Wenn ihr einen Bekannten wollt, setzte die F.A.Z. spitz hinzu, dann nehmt doch Honecker!

Überhaupt die F.A.Z.: Sie leistete in diesen Wochen der Kandidatenkür ganze Arbeit. Selten konterkarierten Leserbriefe derart die politischen Absichten eines Blattes, wie die «Briefe an die Herausgeber» in der Kampagne für Heitmann, und noch nie so komisch. Von ausargumentierten Maulschellen für Weizsäcker bis zu Betrachtungen über die deutsche Mutterschaft als staatstragendes Geschick war alles dabei. Und auch den Ostler im zukünftigen Präsidenten zu verstehen, mühte man sich redlich. So schrieb ein Professor Dr. Stefan Hüfner aus Saarbrücken mit Bezug auf den Kandidaten: «Ist es denn erstaunlich, daß die Menschen, die brutal und gewaltsam während 40 Jahren in ihrer geistigen und materiellen Entwicklung behindert worden sind, heute (noch) ein Weltbild haben, das dem entspricht, wie es im Westen vor zwei Dutzend Jahren üblich war?»

Bei allen rhetorischen Bemühungen, des Kandidaten schöne ostdeutsche Seele erstrahlen zu lassen, und trotz des Kanzlers offensichtlicher taktischer Wende, vom Ossibonus für Heitmann zu lassen und statt dessen den Klassenkampf zwischen «Wertkonservativen» und einer «intellektuellen Linken in Westdeutschland» zu bemühen – es fehlte dem Steffen schließlich an einer breiten Volksbewegung, die ihn ins Amt hätte tragen müssen. Zum Schluß fand ihn nur noch jeder zehnte Ostler überhaupt einigermaßen erträglich. Zwei Drittel aller Ostdeutschen war es, während ihr Repräsentant wieder und wieder sein «trotz alledem» stammelte, ganz schnell egal, ob der neue Präsident einer aus dem Osten wird.

Warum füllte sich der Leipziger Stadtring nicht noch einmal mit den Jubeldeutschen von 1989/90, diesmal nicht für die Einführung der D-Mark, sondern die Amtseinführung des ostdeutschen Kandidaten? Nein, diese Chance haben sie verpaßt: den «Nischenossi», den piefigen DDR-Bürger auf der Briefmarkenserie «Deutsche Bundespräsidenten». Das wäre sie doch gewesen, die Krönung ihrer Bananenrevolution: ein Kandidat aus der meist schweigenden Mitte mit Gespür für die heile Welt in deutschen Fußgängerzonen (wo er sich regelmäßig «überfremdet» vorkam) und für einen geordneten Küchen- und Kinderdienst! Endlich hätte die DDR ihre volle internationale Anerkennung erreicht, stünde der ostdeutsche Mitläufer artig beim Neujahrsempfang für das Diplomatische Corps in der Villa Hammerschmidt.

Er stahl sich davon, wie das ein gelernter Ossi macht: beleidigt, gekränkt von der Boshaftigkeit der Welt, in der er «das von manchem nicht gedacht hätte», und erschaudernd unter der fischigen Kälte des Kanzlers, der den Steffen weiterhin unbeirrt öffentlich Jochen nannte. Die kleinen, spitzen Schikanen ertrug er stumm, mit traurigem, schiefem Lächeln, das uns sagen sollte: Seht ihr, so machen sie es mit uns! Am Ufer vor der Dresdener Staatskanzlei entwendeten Zyniker bei Nacht und Elbnebel das Standbild eines Knaben, von der Hand seiner Gattin geformt – es stellte seinen Sohn dar, einen kleinen Heitmann.

Der Mann, «der in der Kälte lebte» (F.A.Z.), ging, wie er gekommen war, als Opfer, das heißt mit einer ostlertypischen Mission, um «Schaden vom Land abzuwenden». War das Einsicht, Frucht eines zähen Lernvorgangs? Oder wieder die ganz und gar mißglückte Formulierung eines richtigen Gedankens? Nun bekam er das gesammelte Mitleid geschenkt, das die Ostler seit der deutschen Vereinigung gratis haben. Er wahrte die große Form des kleinen Mitläufers und entschuldigte sich bei allen «zehn» Leuten, die er mit seinem Rücktritt enttäuschte – wer neben Kohl, Hintze und Frau Heitmann die übrigen sieben sind, wird Deutschland nie erfahren. Mit letzter Tapferkeit schlug er wiederum einen Ostler als Volksvertrauensmann vor. Auch das war eigentlich rührend, denn es war der Versuch einer Ehrenrettung für das Kollektiv, dem er entsprungen war.

Da bekundeten seine Landsleute in Meinungsumfragen aber eilig, daß sie sich lieber an eine Vaterfigur aus dem Westen kuscheln wollen. Ihr Minderwertigkeitskomplex obsiegte noch einmal über die Versuchung, das Vaterland «von oben» zu ossifizieren. Da dauert es eben etwas länger, bis in Deutschland der Sozialismus in den Farben der Heitmänner errichtet ist.

Immer öfter taucht an ostdeutschen Stammtischen ab Nachmittag um drei – wer wenig Arbeit hat, kann zeitig saufen – der Gedanke auf, bittere Rache am Westler zu nehmen. Es ist verständlich, daß die Emotionen gelegentlich überschwappen. Um so mehr besteht Anlaß, das «Volk» zu Ruhe und Besonnenheit zu mahnen. Die Zeiten, die man dem Westler mit einer Pfandflasche *Bier von hier* auf die Frisur schlug, sollten der Vergangenheit angehören. Heute können die OMs ihrem harschen Zorn ganz anders Luft machen, denn «der Impuls für die Erneuerung der abendländischen Gesellschaft», so der Ex-und-hopp-Kandidat für das höchste Amt, wird «gerade aus dem Osten kommen».

Das zu befürchten gibt es Gründe.

Die OMs hocken nicht länger weinend in der Kammer. Besonders in Berlin sind die öffentlichen Apparate – noch immer und schon wieder – von ihnen durchsetzt. Keine Verwaltung, kein Sender, kein Verlag, kein Verein mit Abonnement auf Fördergelder, in denen sie nicht das Wort führen, und wenn nicht für *die Linie*, so sorgen sie doch für die Stimmung. Es war ihnen ein leichtes, da hinein- und hinaufzukommen: Die Apparate waren rettungslos eingeschlafen, wie die ganze alte Bundesrepublik. Ein ödes Laisser-faire herrschte, die gemütvolle Durchschnittlichkeit berechenbarer Karrieren. Der Kult der Freizeit, der jede Leistung, die nicht auf der halben Arschbacke zu erbringen war, lächerlich und verdächtig macht, war ihnen wohlvertraut.

Da kamen die OMs hinzu, standen plötzlich in der Tür – immer viel zu zeitig. Es war ihnen nur schwer begreiflich zu machen, daß in höheren Zivilisationen die Büroarbeit nicht in aller Herrgottsfrühe beginnt. Die westlichen Büroinsassen befiel beim Anblick der verklemmten Schar in ihren aufgebügelten Sonntagshosen selber Verklemmung. Freilich, man war im Westen schon immer offen für jede Art Opportunismus gewesen, aber die da vor ihnen standen, waren schwerere Fälle, waren Mitleid heischende Kinder der Diktatur. Man strengte sich an, sie nicht ins Politisieren zu verwickeln; man wollte sie nicht verletzen, keine dunklen Erinnerungen in ihnen wachrufen, sie nicht zum Weinen bringen; von ihren ungeheuren Schuld- und Minderwertigkeitskomplexen hatte man schon gehört. Diese Zurückhaltung arrivierter Westler entlarvten die OMs jedoch bald als typisch westliche Arroganz.

Wie hatten sie sich auf ein behagliches, zwischen Wein- und Lachkrämpfen pendelndes Familiengespräch gefreut, bei dem die Westler sie in den Arm nehmen, tätscheln und sagen: «Ist ja vorbei, wird ja alles gut nun.» Aber nichts. Die westdeutschen Kleinbürger hatten sich für die DDR in den letzten Jahren nicht mehr interessiert als für die innere Mongolei. Man kannte ein paar Namen von Autobahnabfahrten und Raststätten auf der Transitstrecke. Die Linke literarisierte ein wenig zwischen Christa Wolf, Stefan Heym und Stephan Hermlin. Das war schon alles.

Und die Revolution? Hatten die Ostler nicht eine siegreiche Revolution vollbracht? «Das westdeutsche Interesse für die ostdeutschen Geschehnisse vom Herbst 1989 bleibt unzweifelhaft», sagt Rolf Schneider dazu. «Es war so stark und so flüchtig wie im Falle, sagen wir, des Gladbecker Geiseldramas. Es war aus dem gleichen Stoff.» Kaum daß die Westdeutschen den wohligen Schauder überwunden und die Erkenntnis gewonnen hatten, daß getretene Kreaturen zu mancherlei fähig sind, kaum daß die obligaten *historischen Augenblicke* abgearbeitet waren, gingen sie zur Berechnung von Immobilienwerten, Bebauungsdichten, Renditen und der bis zum Jahr 2000 zu erwartenden Sterberate des ostdeutschen Stammes über.

In ihrer Emsigkeit waren die Westler ihrer totalen und plötzlichen Entwaffnung hilflos ausgeliefert. Seit Jahrzehnten waren sie gewöhnt an das in ihren Bürogemeinschaften herrschende fischig-joviale Understatement, das freundlich-kühle Desinteresse füreinander, eine Kollegialität, die signalisiert: Bleib mir vom Leib. Die OMs aber kamen überfallartig und exzessiv menschelnd daher. Mit ihrer schwielig-schwitzigen Herzlichkeit, ihrem unstillbaren Mitteilungsbedürfnis, mit ihrem Kuscheldrang und der manischen Neigung, bei jeder sich bietenden Gelegenheit Hände zu schütteln, zu halten und zu kneten, machten sie die Westler wehrlos. Wie Kinder liefen sie durchs Großraumbüro, wippten selig auf den Federstühlen und sahen dem Blinken des Anrufbeantworters zu. In der ersten Stunde erzählten sie, was ein Westler nicht in zehn Jahren preisgegeben hätte, und dann flitzten sie auf die Straße, um für alle Pfannkuchen zu kaufen.

So sind sie. Liebe Kerle.

Vom ersten Moment an protegierten sie einander in die Apparate hinein. Sie kamen zwar als einzelne, doch sie funktionierten als Masse, effizient wie eine Sekte. Wieder dabeisein, wieder mitlaufen dürfen, und zwar gemeinsam, darin bestand ihr neues Glück. Die Westler, die außer ihrem Atemkurs und ihrem Tennisklub nichts Gemeinschaftsbildendes haben, wurden kalt getroffen. Es ging den OMs nicht um einen Job für diesen und jenen; es ging darum, als *ehemalige DDR-Bürger*, als «Volk» der Gedemütigten, wieder an die Tete zu kommen, an der sich die OMs so gerne aufhalten: im großen Wooling der Pöstchen, Privilegien und Kompetenzen, im breiten Strom der öffentlichen Meinung. So wie man sich, als die D-Mark kam, gegenseitig aus den Apparaten herausdenunzierte, so drückte man jetzt die alten Kumpane wieder herein – mit der frappanten Begründung, «bevor ein Westler diese Stelle wegschnappt...»

Wie ein Geschenk des Himmels erschien den OMs das Wort des Jahres 1993: *Politikverdrossenheit.* Es versetzte die Westdeutschen in psychische Labilität und wiegte sie in dem Glauben, sie teilten ihren Politikverdruß auch mit dem Ostler – das einzige, was sie gerne teilen würden. Auch wenn der Verdruß im allgemeinen eines der wenigen Bindeelemente der deutschen Einheit sein mag: Politikverdrossen ist der gestandene OM nicht. Er dreht jetzt erst richtig auf. Aus seiner OM-Tätigkeit in der DDR weiß er, daß Mitläufertum keineswegs eine passive Angelegenheit ist: Wer alle denkbaren Vorteile eines Systems für sich herausschinden will, muß hochpolitisiert sein, und das heißt: entideologisiert, desillusioniert und demoralisiert. Der OM ist ein Witterer, ein Fährtenhund; er sitzt auf dem Sprung. Er nimmt feinste Umschwünge wahr. Besonders auf der kommunalen Ebene ist ihm ein Sensorium angewachsen, das kleinste Interessenverschiebungen und Stimmungsschwankungen in der Bauaufsichtsbehörde, in der Handwerkskammer, im Planungsstab «Aufschwung Ost» und in den Fraktionen ausmacht. Zur Taktik gehört es freilich, Politikverdruß zu simulieren, um dann desto überraschender zuzuschlagen.

In Halle beispielsweise. Auf den kommunalen Posten, wo Bundeszuschüsse umverteilt, Investaufträge vergeben, Planfeststellungsverfahren eröffnet werden, saßen Westler und fühlten sich unbeobachtet und sicher. Hochstapler machten Politik, betrogen die Stadt und Banken um Millionen, organisierten den Handel nach ihren Interessen. Das «Neue Forum» war mit der Enttarnung von Stasispitzeln und dem Verschicken schwarzer Listen intensiv und dauerhaft lahmgelegt. Eine Weile schauten die einheimischen OMs noch zu, wie der Einheitsgewinn unter den Fremden verjubelt wurde. Als die ersten Verdächte laut wurden, hatten sie schon alles Material zusammen, streuten Gerüchte, mimten Empörung, aktivierten alte Verbindungen. Ganz wie sie es gelernt hatten, suchten sie sich eine Galionsfigur, Hans-Dietrich Genscher, in dessen Namen sie die Kleinbürgermacht übernehmen könnten. Inzwischen haben die Liberalen, wie die OMs in Halle heißen, die einträglichsten Pfründe aufgeteilt und die wichtigsten Druckposten besetzt. Vor allem aber: Sie bestimmen das Klima in der Stadt, sie halten zusammen wie eh und je. Noch einmal pfuscht ihnen keiner rein.

Sicherlich, mancher OM ist an dieser oder jener Tür gescheitert. Es gab überall Leute aus dem Westen, die meinten, sie müßten Schicksal spielen und hätten jetzt die Schlüsselgewalt über fremde Lebensläufe. Aber wenn die OMs in Scharen kamen, in den bewährten Selbsthelfer-Formationen, war keine Festung uneinnehmbar. Beobachter der Medienszene erinnern sich noch der Präsentation des ZDF-Generalstabes 1990 im gerade eingenommenen Ostberlin, ganz im Siegestaumel. Sie dächten gar nicht daran, trompetete damals ein Chefredakteur, auch nur einen von den Sprachröhren und den geschminkten Larven des Unrechtsregimes durch die Betriebspforte auf den Mainzer Lerchenberg zu lassen. Offensichtlich sind die inzwischen durch die Kanalisation eingedrungen.

Das Leben macht den OMs wieder den alten Spaß, man hat den Mächtigen abermals ein Schnippchen geschlagen. Ob man in einer Immobilienverwaltung sitzt, in einer Versicherung oder beim Kulturamt, die täglichen Aufgaben werden gelöst, indem die alten Verbindungen aktiviert werden. Nicht nur weil die Ostler naiv in ihrem Geschäftsgebaren waren, konnten frisch angelernte Versicherungsvertreter aus dem Osten 1991 Abschlüsse an Land ziehen, die den alten Hasen vom Fach die Sprache verschlugen. Sie riefen einfach an, wen sie aus Partei- und Gewerkschaftsgruppen, Kampfgruppeneinheiten, Parteischulen, von den Kreisdelegiertenkonferenzen der Blockparteien oder aus dem verzweigten Apparat der FDJ noch kannten. Alte Strukturen kamen so wieder zusammen, nur eben in einer neuen Kartei. Scherzhaft (natürlich) begrüßt man sich wieder mit «Genosse». Wenn eine Hand wieder die andere wäscht, sagt man am Schluß eines Telefonats auch ganz gern mal humorig «mit sozialistischem Gruß» oder «Hoch die internationale Solidarität».

Eine urwestliche Domäne, die Verwaltung des menschlichen Elends, das die kapitalistische Gesellschaft angerichtet hat, ist inzwischen ebenso vom wuselnden Gemenschel der OMs besetzt wie die Kulturszene. In jener Fraktion der OMs, die früher die *Kultur- und Geistesschaffenden* gerufen wurden, gibt es ein neues Gesellschaftsspiel, das fast so aufregend ist wie einst das Spekulieren mit dem Westgeld: Man erfindet ABM-Projekte und verschiebt ABM-Plätze, befördert sich zum Projektleiter und bringt gute Freunde warm und sicher unter. In der Westberliner Kultur geht heute ohne die OMs gar nichts mehr. Sie zwingen ganze Kreuzberger Sozialarbeitergenerationen in die Abhängigkeit.

Fast die gesamte brave, nur zu Wendezeiten punktuell aufmüpfige Intelligenzija hat ihren – wahrscheinlich ewigen – Frieden in Arbeitsbeschaffungsmaßnahmen gefunden. Die müssen laut Arbeitsförderungsgesetz immer Arbeitsinhalte umfassen, die etwas «Zusätzliches» darstellen, ein Geschenk an die Gesellschaft gewissermaßen, das ihr ansonsten nicht dargebracht werden könnte und mit dem sie im Prinzip auch, stupide wie sie ist, nichts anzufangen weiß. Endlich erfolgt auf diese Weise die kulturgeschichtlich bedeutsame Erfassung der Berliner Gullydeckel und ihrer eigenartigen Daten und Zunftzeichen. Endlich können in einem Projekt, das eigentlich der Läuterung gewaltbereiter Jungfaschos dienen sollte, Mimen, die zwanzig Jahre lang nicht besetzt waren, wieder Theater spielen (am liebsten Heiner Müller oder etwas anderes, was sie nicht verstehen). Eine selige Entspanntheit liegt in den Gesichtern der abgewickelten Regisseure, Philosophen, DEFA-Autoren, Kleindarsteller und Kulturfunktionäre. Vom Senat haben sie Computer und Fax und das Ikea-Regalprogramm bekommen, und um die Sachkosten zu verbraten, schaffen sie sich jetzt noch Gesundheitsstühle an, die so gut für die Wirbelsäule sind. Eigentlich müßte man dringlichst die nächste Revolution vorbereiten, aber nun ist man ja in ABM und führt einen heldenhaften Kampf um Projektzuschläge und Fördermittel des Bundes. Inzwischen beherrschen sie blendend das westliche Kulturschranzen- und Sozialarbeitergeschwätz und arbeiten sich mit ihren Projekten in die Tiefen des Zonenrandgebietes vor.

Wie Echsen die Farbe, so wechseln sie blitzschnell die Rollen: Einmal sitzen sie als winselnde Opfer der Diktatur, angetan mit jenen Hosen, die zum VIII. Parteitag der SED ans Volk verteilt worden waren, in der Ecke und schmachten nach Streicheleinheiten. Ein andermal verschleiern sie ihre ostdeutsche Herkunft und treten als großmäuliges Westlerimitat auf, fuchteln mit in Schweinsleder gebundenen Timern herum und schießen unverdauten Börsenjargon durch den Raum. Vor allem in Berlin, wo ihn der Dialekt nicht verrät, versucht der OM, alles, was seine östlichen Wurzeln freilegen könnte, bei seinen Auftritten in der Öffentlichkeit zu meiden. Welch ergreifende Szenen spielten sich ab, als die einheitlichen Berliner Nummernschilder verteilt wurden. Tage- und nächtelang wurden die Kfz-Zulassungsstellen belagert, die Sachbearbeiterinnen bestochen, um einen privilegierten Platz in der Warteschlange zu ergattern – wie früher, als es um Zement oder Dachrinnen ging. Dann wieder fühlt sich der Ostberliner erhoben von der dreisten Anbiederung eines privaten TV-Produzenten, sein Regionalprogramm «IA» zu nennen – nach den ersten Buchstaben des alten Ostberliner Autokennzeichens, mit dem sich der Hauptstädter in den Tiefen der DDR-Provinz lieber nicht blicken ließ...

Wenn er sich dem verblüfften Westler als Exot, als schriller Vogel mit hohem Unterhaltungswert präsentieren will, pflegt der OM gelegentlich die Aura seiner Abstammung. Der TV-Entertainer Lippi hat das versucht, unter Krämpfen, die die beiden deutschen Welten – so las sich das zumindest in der Yellow Press – wochenlang in Atem hielt. Lippi, der zum Boten ostdeutschen Sendungsbewußtseins in der westlichen Kulturlandschaft hochstilisiert wurde, hatte die DDR bis in ihren Untergang hinein mit stupender guter Laune malträtiert. Für seine zwanghaften Infantilismen hätte sich eine ordentliche Revolution eigentlich an ihm schadlos halten müssen, so aber war es nur eine Frage der Zeit, bis sich das deutsche Fernsehen dieses abwaschbaren Allesmachers bediente. Ungeniert gab er die Rolle «Klein Ossi kommt in die Welt». Ein Ostler – und doch sooo viel Mut!

Wenn einer sich freiwillig «Lippi» nennt, hat er verdient, daß er auch so behandelt wird. Eines Tages hatte das ZDF den Schmittchen Schleicher satt, und er war die *große Samstagabendshow*, die er von Thomas Gottschalk geerbt hatte, wieder los. Plötzlich war der Lippi, der es «geschafft» hatte, wieder, was der OM seiner Natur nach am liebsten ist – Opfer. Als hätte er das von OM Stolpe gelernt, ahnte er seherisch hinter seinem Absturz die Abwicklung aller Ostler voraus. Sein Leid sollte ihrer aller Leid sein. «Bischofferode läßt grüßen», faselte er vor Publikum und dankte im Bonzen-Deutsch «für die vielen Solidaritätsbekundungen» all der anderen Gedemütigten. Merke: Lebenskrisen aller Art, wie Ehescheidungen, Karriereknick oder Midlife-crisis, führt der OM stets auf schwärenden Ost-West-Konflikt zurück. Was Lippi besonders zu schaffen macht, ist, «daß der Thomas nicht anruft». Wenigstens anrufen könnte der große Gottschalk und Lippi wissen lassen, daß er ihn nicht für einen Versager hält. Als Ostler hat man ein Recht darauf, belogen zu werden. Nicht genug, daß sie eine komische Revolution gemacht haben, die Ostler, jetzt machen sie sich auch noch lächerlich.

Spektakuläre Schicksale ihrer Idole lassen die Ostdeutschen fester zusammenstehen. Zuweilen kann man auch erleben, wie sie als Körperschaft reagieren. Dann ist Stimmungsmeldungszeit. Stimmungsmeldungen sind des OM starke Waffe. Aus der DDR wissen sie, was man mit Stimmungsmeldungen bei der Mitläuferregierung erreichen kann. *Meinungen und Stimmungen unserer Bürger* mußten monatlich hochgemeldet werden. Wenn beispielsweise mehrmals schlechte Stimmung konstatiert wurde, weil in einem Kreis Kinderunterwäsche fehlte, reagierte die Zentrale prompt. Auch heute reagieren die OMs mit Stimmungsmeldungen nicht individuell, sondern kollektiv und mit politischem Kalkül. In Ostberlin und den anderen größeren Städten des Ostens haben sich überall Sozialanalysefirmen gebildet, die weniger nach Daten als nach Emotionen fragen und

Presse und lobbyistische Verbände unnachgiebig mit Nachrichten aus dem Gefühlshaushalt der Ossis versorgen. In diesen Büros haben gestandene OMs ein überaus sinnvolles Betätigungsfeld gefunden – als Multiplikatoren ostdeutscher Lust oder ostdeutschen Frustes, je nachdem, welcher Klientel sie gerade zu Diensten sein wollen.

Vor dem vierten Staatsfeiertag der deutschen Einheit konnte kein Ostler mehr über die Straße gehen, ohne von Meinungsforschern angefallen zu werden. Die Frage, was und wie es diese seltsamen, aus ihrer Lebensbahn geworfenen Lebewesen treiben, erregt das wissenschaftliche Interesse. Wie also reagiert ein bis dato intakter Organismus, wenn man ihn zwingt, einige hundert Meter durch Jauche zu kraulen und dann, am Ufer angekommen, mit «Hipp, hipp, hurra!» einen Staatsfeiertag zu begehen? Das ungefähr war die Grundfrage dieser «Datatests» oder «Infradatas». Der Ostler hat bei den an seinem Volkskörper vorgenommenen Messungen nicht nur die nötige *Geduld bei der Schaffung der Einheit in den Herzen* aufgebracht, sondern auch seinem Ruf als überaus gefügiger Mehrzeller Ehre gemacht.

Fragt man sie heute, wie es ihnen im neuen Deutschland gefällt, dann antworten sie zu 43 Prozent «Weder – noch» beziehungsweise «zwar, aber». Sie fühlen sich weder beglückt noch betrogen. Sie sind zwar enttäuscht, aber nicht tief. Sie haben sich alles ganz anders vorgestellt, aber so ähnlich. Sie haben zwar einen neuen Golf, aber zu ekligen Raten. Sie essen zwar alles, aber sie behalten nichts bei sich. Sie machen zwar alles mit, aber nicht mit Begeisterung. Sie wählen zwar nicht, aber wenn doch, dann die Falschen. Sie mosern und motzen, aber zu den Verlierern der Einheit – fast jeder vierte zählt sich dazu – sagen sie: Wer Arbeit sucht, der findet auch welche. Sie sind weder ganz richtig dafür, schon gar nicht absolut dagegen. Kurz: Sie halten sich alles offen; sie können in Einzelfragen jederzeit Opfer und jederzeit Sieger sein.

Die Tendenz ist aber deutlich: Mit Hilfe der «Stimmungsbarometer» extrapolieren sie ihre Opferhaltung, das heißt ihren Status als Unterstützungsempfänger, bis zur Jahrtausendwende. Das schnelle Glück, das uns versprochen war, ist nicht gekommen, nun lassen wir es lange dauern. Aktuelle Anlässe dafür bieten sich zur Genüge.

Wenn Lafontaine die Ost-Löhne und -Renten einfrieren will oder die Bundesanstalt für Arbeit die neueste Statistik veröffentlicht, dann lauten die Schlagzeilen: «Mehr als die Hälfte der Ostdeutschen beurteilt die Gesamtsituation eher negativ» – «Nur noch die Hälfte der Ostdeutschen akzeptiert, was in Deutschland passiert (vor einem halben Jahr noch 70 Prozent)»; oder im Kontext: «Von Jahr zu Jahr sind die einstigen DDR-Bürger pessimistischer geworden. Im Herbst 1990 meinten sie noch, binnen sieben Jahren westlichen Wohlstand zu erreichen. Mitte 91 rechneten sie mit acht, zur Jahreswende 1993 mit zwölf Jahren.»

Die Westdeutschen tappen im Beziehungsgeflecht der OMs wie blinde Elche umher. Die Gerissenheit des Westlers, sein Herrschaftswissen über Börse, Steuern, Vereinsrecht ist längst durch die Penetranz des OM neutralisiert. Die liebevoll neckische Benennung «Ossi» jedenfalls ist für OMs fehl am Platze.

Lange Zeit haben sich die Westler mit diesem Diminutiv selber eingelullt und sich darüber getäuscht, welch verfeinerte Intriganz, rasche Raffinesse und hochkonditionierte Verbissenheit ihnen mit den OMs begegnen. Sieger sind leicht verwundbar; wenn sie den Krieg abgeblasen haben, glauben sie, könne ihnen nichts mehr geschehen. Sie merken nicht, daß auf der anderen Seite nur die Waffen gewechselt werden. In ihrer tumben Hochstimmung nach der risikolosen Vereinnahmung der DDR sind die Westler besonders angreifbar. Sie haben sich nicht einmal die Mühe gemacht, genau hinzusehen, und vielleicht wirklich gedacht, sie hätten es mit einer in ländlicher Langsamkeit und Gläubigkeit harmonisch verblödeten, verfressenen und kulturell verödeten Population zu tun – dem «Ossi» eben, dem man zeigen muß, daß man in einen Geldautomaten nicht hineinzuschreien braucht und auch keine Briefe hineinsteckt. Die Westler haben zwar fast gänzlich die ostdeutsche Industrie und die einst staatlich gelenkten Kulturinstitutionen zerschlagen, die Kommunikationsstrukturen der OMs aber, ihr Signalsystem und die Gesetze dieser ehrenwerten Gesellschaft sind ihnen verborgen geblieben.

Sie rechnen nicht damit, daß die OMs bis heute den feinen Unterschied aufrechterhalten zwischen dem, was sie *nach außen* sagen dürfen und sagen wollen, und dem, was sie sich zu denken gestatten – eine für das Überleben im Sozialismus wesentliche Unterscheidung. Und sie ahnen nicht, welche Abgründe an Verschlagenheit und Taktik sich hinter DDR-typischen Wendungen verbergen, wie «Ich würde denken wollen, daß wir meinen sollten...»

Inzwischen hat sich das Blatt gewendet. Der westliche Leihbeamte, der Anlagenberater, der Kleinunternehmer, der in Lüdenscheid eine Firma mit zehn Leuten besitzt und in Ribnitz-Damgarten einen Betrieb mit 2000 Ostlern geschenkt bekam, haben sich schon mehrmals in den Fallstricken verrannt, die die OMs ihnen gespannt haben. Die Bezeichnung «Besserwessi» kommt harmlos-lustig daher, ist aber bitterernst gemeint. Denn eines konnte der OM schon im Sozialismus nicht ab: daß man ihn spüren läßt, wie mickrig sein Spießerleben ist. Wer verabsäumt, ihn zu hofieren, und es wagt, seinen Wertekanon – Raffen, Anpassen, Meckern – zu verunsichern, bekommt den Boykott der Gruppe zu spüren.

Besonders in den Sphären der Ideologieproduktion, in Verlagen und Redaktionen, haben die OMs längst aufgehört, graue Mäuse zu sein. Die Zeiten, da sie sich damit zufriedengaben, untergekommen zu sein, sind vorbei. Sie veranstalten wieder Versammlungen, die ihren ritualisierten Parteiverfahren ähneln, ziehen Notizbücher, in denen die moralischen und politischen Verfehlungen ihrer West-Chefs säuberlich aufgelistet sind, und putschen sie von den Leitungsposten. Westdeutsche Politiker, die im Osten kriminell agieren, liefern die Legitimation für ihre plötzlich erwachte moralische Rigorosität. Ohne daß sie sich öffentlich dazu verabreden müßten, formieren sich die OMs zur Armee der Revanche und handeln nach dem Kinderspruch: Westdeutschland den Westdeutschen, Ostdeutschland den Ostdeutschen und Indien den Indianern!

Aber auch dort, wo es auf den ersten naiven (West-)Blick nicht ums Politische geht, bestimmen sie das Klima. Wie das abläuft, schildert der Leserbrief eines Westlers aus 47198 Tönisvorst an die sozialistische Tageszeitung «Neues Deutschland». Der Mann hatte sich gemeinsam mit ostdeutschen Landsleuten auf eine von dieser Zeitung veranstaltete Reise begeben, die in eine touristische Domäne der Globetrotter aus der einstigen DDR führte, auf des OMs angestammtes

Gebiet gewissermaßen: «Mit professionellem Blick hatten die Mitreisenden uns sofort als Wessis enttarnt, die einzigen im einzigen Hotel am Schwarzen Meer. Am nächsten Morgen war sie da – die Mauer. Auf dem Frühstückstisch. Passierverbot für Blicke, Worte, Frühstückseier und Kanne heißen Wassers. Geschieht ihnen recht – mögen Sie jetzt denken, lieber Leser. Mußten sie denn unbedingt in Ossi-Territorium eindringen? Erst die Betriebe, dann die Urlaubsorte – ist denen nichts heilig? Kapitalismuserfahren, wie sie sind, hatten sie, die Westler, das größte Hotelzimmer belegt, mit Kühlschrank und Badewanne. Welch merkwürdige Gewohnheiten die Wessis haben: Sie nörgeln kaum über das Essen. Nicht einmal Nescafé, Schmierkäse und Wurst bringen sie morgens mit ins Restaurant. Die BILD-Zeitung kaufen sie auch nicht... Da gibt's nur eins: einfach nicht hinsehen, nicht beachten. Wir sind das Volk.»

Zwischen Kap Arkona und Fichtelberg (so nannte man seine DDR, wenn es poetisch klingen sollte) wird der Westler heute, im vierten Jahr der deutschen Einheit, grob abgelehnt. Karl-Eduard v. Schnitzlers süffisante Aburteilungen der westdeutschen Ausbeuter werden nachträglich und mit einem gewissen Wohlwollen dem alten TV-Krieger gegenüber ins Recht gesetzt. Wenn «Ede» auf Volksfesten der Ostdeutschen in seiner bescheidenen Eigenschaft als Rentner auftaucht, kann er sich der Schulterklopfereien kaum erwehren. Haben sich nicht, wenn man sich allein den kriminellen Moloch Treuhand besieht, all seine Charakterisierungen des *faulenden, parasitären Kapitalismus* als freundliche Untertreibungen erwiesen? Oder sein von Marx entlehnter Lieblingsspruch, das Kapital gehe für Profite über Leichen, und für Maximalprofite scheue es vor keinem Verbrechen zurück: Alt-LPGler, denen Felder, Wälder, Seen als Domänen von Rheinländern und Bayern parzelliert werden, Häuslebauer, die der Westler von angestammten Grundstücken herunterprozessiert, können Marx nur *vollinhaltlich*, wie es in der Parteisprache hieß, bestätigen.

Der Westler ist im Osten entschieden unbeliebter, als es der Russe je war. Der nämlich hat nicht versucht, nachdem die Fronten einmal klar waren und die Besatzungsmacht in den Kasernen saß, in Kleinbürgers Alltag einzudringen. Wenn er Zutritt gewann, dann mit

Matrjoschka-Kitsch und Wodkaräuschen bei deutsch-sowjetischen Saufgelagen, den *Freundschaftstreffen* zum Tag der Befreiung vom Faschismus. Russenland war OM-Reiseland, wo man mit freudigem Gruseln erleben konnte, daß es Völker auf dieser Erde gibt, die noch nicht einmal Gardinen vorm Klofenster haben.

Der Westler aber verlangt die Unterwerfung ganz, die Auslieferung des gelebten und noch ungelebten Lebens an den *Sieger der Geschichte*. Ja, er dekretiert, die Geschichte selbst sei hiermit vollendet. Was bisher war, war ein Irrweg, bestenfalls ein Umweg zum wirklichen Dasein. Doch wenn der Ostler dann endlich am Ziel ist, ist der Westler immer schon dagewesen: nicht nur in Teneriffa, auch beim Otto-Versand, im Christlichen Verein Junger Männer, beim Musikantenstadl, in der Punica-Oase und im Bertelsmann-Buchclub. Immer ist der Ostler bestraft als Zuspätgekommener im richtigen Leben. Da gilt es, sich Reservate zu erhalten, wo der Neid-Krieg mit dem Westler temporär ausgesetzt ist, Biotope der ostdeutschen *Grundempfindung*. Die Ostler als zwar quer durch die Nachkriegsgeschichte gebeuteltes, dennoch gewitztes Völkchen: In ihren Kleingartensparten und Anglervereinen lassen sie keine Westler zu, an die Stammtische keinen ran. In den Urlaubsparadiesen des Warschauer Vertrages, vor allem am Balaton, dem Mittelmeer der DDR-Bürger, wollen sie wieder unter sich sein und noch einmal die alte Solidarität der Sippen beim Besetzen von Strandkörben genießen.

Der Westler gilt als laut und kalt und auf Versorgungsansprüche versessen, in seiner Liebesfähigkeit als gebremst und – wenn er es doch zum Äußersten bringt – nicht in der Lage, dabei wenigstens den Taschenrechner vom Hirn abzukoppeln. Er ist im Osten praktisch vogelfrei. Die westlerhasserischen Überschriften der SUPER!-Zeitung, des verendeten Zentralorgans aller zum Kampf entschlossenen Ostler, gingen wie Parolen durchs Land. Schon im ersten Jahr der Einheit kamen Witzbücher auf den Markt, die am Westler nachvollzogen, was der dem Ostler angetan hatte – sie machten ihn zur komischen Figur (Auflage: 60000). Die Lachnummern gehen etwa so:

– Hast du heute einen schönen Tag gehabt? fragt die Frau des Straßenbahnfahrers ihren Mann.

– Ja, sehr schön, drei Unfälle.
– Aber das ist ja schrecklich, sagt sie.
– Wieso denn schrecklich? Drei Wessis überfahren!

Zu Hause bei OMs ist man wieder heimlich im Widerstand. Da legt man voller Verachtung die Garderobe der Unterwerfung ab, die Woolworth-Jacketts und vergoldeten Krawattennadeln, und schlüpft in den kackbraunen Trainingsanzug der NVA, in dem man all die Jahre den Trabi geputzt hat. Man sucht die ostdeutschen Fernsehprogramme nach den *Fernsehlieblingen des DFF* ab und nascht, was man an Keksen aus Wurzen noch auftreiben konnte. Wenn Familienbesuch aus dem Westen kommt, führt man ihnen ungerührt die *Zone* vor – *so dreckig geht's uns!* Früher haben sie flachgelegen, wenn der Westwagen vorfuhr, und der Verwandtschaft die Taschen aus den Händen gerissen. Neulich ging der traurige Bericht eines Mannes aus Westfalen durch die Presse, der all die Jahre seine ostdeutsche Sippe mit Päckchen gepäppelt hatte und nun, nach der Wende, bei ihr zu Gast war: Dank hatte er ja nicht erwartet, aber daß sie ihm die Birne aus der Lampe drehten, als er abends im Bett noch etwas lesen wollte...

Die Aufbauhelfer aus dem Westen werden von den OMs nur noch verlacht. Dafür, daß sie sich durch sogenannte Buschzulagen «für Versetzung unter erschwerten Einsatzbedingungen» (Innenminister Kanther), Trennungsgelder, Aufwandsentschädigungen und dreifachen Karrieresprung dumm und dämlich verdienen, sei ihnen das gegönnt. Den Großkopfeten unter ihnen ging fast durchweg der Ruf voraus, notorische Versager zu sein. Die Krönung ihrer staubigen Karriere sehen sie nun darin, endlich Antikommunist in Aktion sein zu dürfen. Noch nie sind für sie patriotische Gesinnung und Dienstvorschrift so glücklich in Übereinstimmung gewesen wie jetzt, wo sie Straßenschilder entfernen, Schulen und Kindergärten neue Namen verpassen und Denkmäler schleifen lassen.

Im Beitrittsgebiet angekommen, betrieben sie die Wessifizierung des Ostens, wie sie es in der Alt-BRD gelernt hatten: Als sächsisch-anhaltinischer Finanzminister machte Professor Münch die Besoldungsbestimmungen für Westbeamte im Neuland so undurchsichtig, daß er annehmen durfte, keiner blicke mehr durch, wenn er sich –

nun schon als Ministerpräsident – samt seiner Clique Steuergroschen in die Tasche schaufelte. Als das dennoch rauskam, erfüllte ihn «die Treibjagd mit Zorn», und er beklagte «den Schaden für die politische Kultur», den seine Neider angerichtet hatten. Aus Verbitterung über die Undankbarkeit der Ostler suchte er das Weite. An sein Aufbauwerk in Sachsen-Anhalt wird ihn lebenslang seine Pension von 4375 DM süß erinnern.

Seit der Münchiade von Magdeburg ist praktisch kein westlicher Politiker im Osten mehr vorzeigbar. Ein wichtiger Teilsieg bei der Ossifizierung der Bundesrepublik fiel den OMs ohne ihr Zutun zu: die Säuberung des Ostens von den westdeutschen Vormündern. Wo Westminister die östlichen Provinzen fliehen, rücken, als sei's naturgegeben, gestandene OMs nach. Das sind nicht irgendwelche Zufallspolitiker, die an den *Runden Tischen* übriggeblieben sind, sondern hartgesottene Ehrgeizlinge. In Sachsen-Anhalt kamen vor allen Ideologen der *sozialistischen Bündnispolitik* erfahrene Strategen der kleinbürgerlichen Mitläuferparteien zum Zuge.

Die kleineren Chargen aus altbundesdeutschen Amtszimmern nehmen in östlichen Kommunen immer öfter den Rang von stadtbekannten Originalen ein, was früher die Buckligen und Dorftrottel waren. Sie werden systematisch kaputtgespielt, hausen bei monströsen Wirtinnen, leiden unterm Nitratgehalt des Trinkwassers und müssen bei alledem auch noch mehrmals täglich von der *Ursprünglichkeit des Ostens* schwärmen. Eine Tortur. Das massenhafte Begehren der aus dem Anschlußgebiet heimkehrenden Pioniere nach Frühpensionierung infolge totaler Zerrüttung stellt die alten Bundesländer vor erhebliche Probleme. Am Ende sind die Leihbeamten so weit runter, daß beispielsweise der mitfühlende Landesvater Johannes Rau den «aus Deutschland (!) zurückkehrenden Beamten ... zur Wiederherstellung ihrer Dienstfähigkeit» einen Kur-Urlaub ermöglichen muß, «gegebenenfalls mit Nachkur in der psychosomatischen Klinik Bad Berleburg».

Um das Befinden der OMs muß sich dagegen niemand mehr sorgen. Zum 3. Oktober 1993 sollte der vielgefragte Ostler einordnen, auf welcher Sprosse der gesellschaftlichen Stufenleiter er seiner Meinung nach hängengeblieben sei. Hei, was gab es da für ein Drängeln und Schubsen! Alle wollten wieder in die Mitte. Bis aufs Komma genau waren es ebenso viele, wie auch in der DDR schon *in der Mitte* gewesen waren, da wo es schön warm ist. Man darf ganz sicher sein: Es sind nicht nur genauso viele, es sind dieselben.

Es ist nicht wahr, daß die Angliederung der DDR für alle das Unterste zuoberst gekehrt hat. Wenn der Kanzler – wie regelmäßig – anhebt, von den «tiefgreifenden Veränderung im Leben unserer Mitbürger in den neuen Ländern, bis in die privaten Verhältnisse hinein» zu orakeln, dann gucken sich die OMs grinsend an und fragen: Wen meint er eigentlich? Für sie ist das Neue beim alten gelieben. Hätten sie es nicht geahnt, sofort nach der Wiedervereinigung haben sie es erfahren: Mord und Totschlag, Kindesschändung und Stasi-Exzesse – alles wird dir verziehen, doch einen Karriereknick verzeiht man dir im Westen nicht. Deshalb machten sie sich, allen Maazereien von der *Trauerarbeit* zum Trotz, besinnungslos wieder auf die Strümpfe durch die Institutionen.

Es sind die dynamischen Exemplare der sozialistischen Intelligenz, allen voran die Journalisten der SED-Bezirkszeitungen, der immer noch auflagenstärksten Tageszeitungen im Osten, die atemberaubende Anpassungsleistungen vollbringen. Nachdem die *Organe*, wie sie in der DDR genannt wurden, von westdeutschen Verlagen aufgekauft worden waren (die sich damit eine Monopolstellung sicherten, wie sie der Kartellaufsichtsbehörde im Westen nicht durchgegangen wäre), schrieben die Agitatoren und Propagandisten weiter, als sei nichts mit ihnen geschehen. Jetzt eben über den Kölner Karneval und ostfriesische Vogelschutzgebiete. Ein gut eingeübter Zynismus überdauert jeden Systemwechsel. In die Redaktionen zog der Extremismus der Mitte ein: Wer nicht so *ausgewogen* taktiert wie OM Stolpe, der alles erklären kann, allen alles verspricht und für alles Verständnis hat, ist rasch zur medialen Marginalität verurteilt.

Die «Leipziger Volkszeitung», die zuletzt noch die Kampfgruppen der Arbeiterklasse aufrief, die Helden vom Karl-Marx-Platz zusammenzudreschen, entdeckte plötzlich ihre Wurzeln bis hinab zu Bebel und Lassalle. Die Helden-Leser hat das kaum gestört, von einigen verbitterten Leserbriefen abgesehen, die man als Ausweise für frischerrungene Meinungsfreiheit gerne druckte. Manchmal wird ein Chefredakteur mit seiner Stasiakte konfrontiert, wenn er sich in irgendeinem Interessenkonflikt mit dem Herausgeber im westdeutschen Mutterhaus danebenbenommen hat. Ansonsten bleiben die Regionalorgane der OMs möglichst frei von moralischen Grundsätzen westdeutscher Stasijäger – dafür verkaufen sie sich einfach zu gut.

Deutschlandweit bekannt für seine Kapriolen ist der Leipziger Klüngel geworden, ein Haufen wenig inspirierter Professoren und Assistenten der Sektionen Philosophie, Wissenschaftlicher Kommunismus, Kulturwissenschaften und Journalistik der umbenannten Karl-Marx-Universität, die ihre Ideologie schon immer auf Bügelfalte trugen. Nur kurze Zeit saßen sie traurig an ihrem Lieblingsort, dem Café Corso, stierten auf den Grund der Tassen und fragten sich, ob die materialistische Grundfrage der Philosophie neu gestellt werden müsse. Einige dachten schon daran, für die neue Publizistische Fakultät ein System der Bewußtseinskontrolle für künftige Studentengenerationen zu entwickeln, ein Gebiet, auf dem sie außerordentliche Verdienste haben. Nach dem Prinzip der gegenseitigen sozialistischen Hilfe fingen sie an, gemeinsam ihre Dissertationen und wissenschaftlichen Aufsätze zu säubern und die ollen Kampfbegriffe durch Termini des modernen Soziologendeutsch zu ersetzen, eine Arbeit, die mit Hilfe des Computers rasch voranging. Das geschah nicht etwa heimlich, sondern als offener Akt der geistigen Unterwerfung. Der Dank der Westler ließ nicht auf sich warten, und heute sind diese Typen an geisteswissenschaftlichen Fakultäten auch im Westen zu finden. Andere unterweisen ihre Leidensgenossen in gutbesuchten Seminaren, die den Titel tragen könnten: «Wie täusche ich die westdeutschen Gremien über meine ideologische Zuverlässigkeit und wissenschaftliche Kompetenz?»

Ein weites Feld für die OMs, sich in die Aufbauarbeit im neuen Deutschland *einzubringen* und alte Vertraute aus der Bruderschaft nachzuziehen, boten die Landtage und Landesregierungen. Auf diese Weise waren die Abgeordneten, als die Legislaturperiode begann, den *einfachen Werktätigen* schon gut bekannt und das Vertrauensverhältnis dementsprechend: Es waren ihre Kampfgruppenkommandeure, stadtbekannte Denunzianten, Wirtschaftskader und Blockparteifunktionäre. Die Demokratie hat sie längst akzeptiert und weiß ihre Tatkraft zu schätzen.

Insgesamt ist der Angriff der OMs auf das gesellschaftliche Klima der alten Bundesrepublik so erfolgreich, daß es ihnen nachgerade peinlich ist, an *die Ideale des Herbstes 89* erinnert zu werden: Was soll ihnen das heute, haben sie nicht auf ihre Weise alles erreicht? Und so trugen sie denn kräftig dazu bei, noch die letzten Chancen für ein *anderes Deutschland*, ein freies, gerechtes, bürgerbestimmtes, zu zerstören. War nicht 1990 noch davon die Rede gewesen, die Republik der zwei Deutschländer solle einen neuen Namen, eine neue Hymne, eine neue Verfassung bekommen? Das alles brauchen die OMs nicht mehr. Die Emporkömmlinge aus der Ost-CDU haben sich in der ohnehin nur mit Unlust zu Werke gegangenen Verfassungskommission gegen jede direkte Bürgerbeteiligung ausgesprochen und die Definition von Staatszielen abgelehnt. Sie verhinderten sogar die Übernahme von Bestimmungen aus ihren Länderverfassungen in ein künftiges Grundgesetz. Sie mißtrauen dem Volk, das sie nach oben gespült hatte, so tief, daß sie es in Verfassungsfragen nicht mitreden lassen wollen.

Vor den tristen Taktiken aus dem Honeckersozialismus, mit denen die OMs sich gegenseitig aufhelfen, hätten die Gralshüter der westlichen Zivilisation und Demokratie eigentlich gewarnt sein müssen. Mit Ibrahim (Manfred) Böhme, Wolfgang Schnur, Lothar de Maizière, Hans-Wilhelm Ebeling, Günter Krause, Manfred Stolpe, «Frau Präsidentin» Bergmann-Pohl und all den anderen auf dem historischen Gruppenfoto vom Herbst 89 hatten sie sämtliche Typen des OM schon früh vor Augen, alle Facetten des modernen Mitläuferkollektivs, das sich zur Gesellschaft mit beschränkter Haftung vor der deutschen Geschichte mauserte. Damals paßte dieses Kollektiv gut ins westliche Bild. Sonst hätten die Westdeutschen Vorkehrungen gegen die Mitläuferinvasion getroffen, zumal da einige besonders fragwürdige Gesellschafter vorzeitig aus dem Verkehr gezogen werden mußten.

So haben es Böhme, Schnur und de Maizière, die im Auftrag ihrer Führungsoffiziere bei den ersten und gleichzeitig letzten «freien» Wahlen in der DDR der «Allianz für Deutschland» des Helmut Kohl und der SPD Wähler zutrieben, nicht zu dauerndem Einfluß gebracht. Ebenfalls nicht der Pfarrer Hans-Wilhelm Ebeling, der einst ganz allein die schwere Eichentür der Leipziger Thomaskirche von innen zuhielt, um das Gotteshaus dissidentenfrei zu halten. Wäre bei diesen Herren alles glattgegangen – jeder von ihnen könnte heute ein respektabler ostdeutscher Kandidat für höhere Ämter und Würden sein.

Günter Krause hat am nachhaltigsten demonstriert, was passiert, wenn *der neue sozialistische Mensch* in der Bundesrepublik das Sagen und das Raffen kriegt. Zwar hatte er nichts anderes vorzuweisen als seine gewinnende Art und seine Karriere als Blockflöte, das machte aber nichts, denn indem er mit dem Einigungsvertrag verhökerte, was ihm nicht gehörte, fand er wärmende Aufnahme im Dunstkreis des Kanzlers. «Nimm, was du kriegen kannst», war seine Devise, und insofern war die Person richtig gewählt: Wenn ein «typischer Ostler» in die Bundesregierung des geeinten Vaterlandes gehörte, dann der kleine Günter, der gern ein großer Max sein wollte. Leider hat er dabei seine sozialschwache Putzfrau ausgepreßt; die durfte nur fegen, abstauben wollte Krause immer selber. Erstmals seit langem in Deutschland hat es dieser Ostler wieder mit einer Art Notverordnung versucht – bei ihm hieß sie «Beschleunigungsgesetz» und war natürlich gut gemeint. Das Gesetz hatte er zum Zwecke des beschleunigten Ausbaus der Reichsautobahnen im Osten erdacht; beschleunigt werden sollte vor allem der Abbau des bundesrepublikanischen Standards der Bürgerbeteiligung bei der Planung großer Bauvorhaben.

Andere haben tapfer durchgehalten und sind fast ohne Blessuren im neuen Deutschland angekommen. Manfred Stolpe zum Beispiel. Wie kein zweiter hat er das Talent, seine Mitläuferbiographie zum Kollektivschicksal der Ostdeutschen hochzustilisieren und sich selbst zum Kriterium der Frage «Sag, wie hältst du's mit den Mitläufern?» zu erheben. Er verkörpert auf höherer, den irdischen Dingen halbwegs entrückter Ebene den Insassen der DDR-Gesellschaft. Insbesondere pflegt er die Manie des OM, wenn er sich beleidigt fühlt, gleich alle Ostdeutschen mitbeleidigt zu sehen – seine Landsleute eigentlich noch mehr als sich selber, denn an sich denkt er natürlich zuletzt.

Kein Politiker aus der alten Bundesrepublik, nicht einmal König Kurt von Sachsen, würde es wagen, «unsere Menschen hier» für sein Machtkalkül so platt zu vereinnahmen wie Stolpe. Angeblich haben seine Brandenburger ihm immerfort mit Maulschellen gedroht, «wenn ich von der Fahne gehe». Einfache zivilisatorische Gepflogenheiten hat Stolpe zu «sprichwörtlicher Brandenburger Toleranz» aufgeblasen. Einen Landesvater, zu dem man wieder aufblicken kann, den haben sich die zahlreich um Berlin, Hauptstadt der DDR, ansässigen OMs redlich verdient. Noch bevor irgendwelche Akten über ihn angeschwemmt worden waren, hätte ihn der SPIEGEL sogar gern zum künftigen Präsidenten aller Deutschen gemacht, und man darf gewiß sein, «seine» Brandenburger hätten ihn auch in die Villa Hammerschmidt hinaufgeohrfeigt. So aber blieb aus Gründen der Pietät Stolpes segensreiches Wirken auf Brandenburg beschränkt.

Wieso nur ist der Westler dem OM, dieser Mischung aus Selbstmitleid und Aggressivität, nicht gewachsen? Wieso ist er eben dabei, seinen Sieg im kalten Krieg zu verspielen? Wieso entschuldigt er sich fortlaufend bei ihm für den Makel, nicht selber in der Diktatur gelebt zu haben, zumeist beginnend mit den Worten: «Ich bin ja nur ein Westler, aber wenn ich trotzdem mal was sagen dürfte...»

Es lähmt die Westler das schlechte Gewissen, und das haben verschiedene Leute aus verschiedenen Gründen. Da sind die, die sich den Ostlern als Kunden, als Käufer, als Klienten zuwenden. Nicht daß sie den Neubundis ihren Ramsch andrehen, ihre dubiosen Lebensversicherungen und Kreditverträge, ihre Altautos, Topf-Sets und Montagemöbel, macht ihnen zu schaffen. In ihnen nagt der Gedanke, daß sie diese Sippschaft längst abgeschrieben hatten. Jetzt machen sie traumhafte Gewinne mit Leuten, die praktisch als tot gegolten hatten, reanimieren den Leichnam, der in ihrem Denken nur noch das Kürzel «die da drüben» trug. Andere sind erschrocken, wie rabiat ihre Marktwirtschaft im Osten vorgeht, und meinen, man könne mit privater Menschlichkeit lindern (eine Illusion, die ihnen ihre Gesellschaft eingeredet hat). Wieder andere holen Langmut und verzeihendes Verstehen gegenüber den penetranten Taktiken der OMs aus der Selbstbefragung: Wer weiß, ob ich, hätte ich in diesem System gelebt, nicht auch IM der Stasi, Parteigänger oder Mitläufer geworden wäre. (Eigentlich sind sie sich sicher – sie wären es geworden.) Und schließlich trifft man Westler, die nicht wissen, ob sie sich zu Verlierern oder Siegern der Geschichte rechnen sollen. Die haben ihre ostdeutschen Freunde all die Jahre über beschworen, durchzuhalten und dem verrotteten Kapitalismus die Stirn zu bieten, schon um der schlimmen deutschen Vergangenheit willen und natürlich für eine bessere Zukunft ohne Diktatur der Banken. «Irgendwie» stellten die sich rasch in den Dienst der Sache, sprangen aus den Debattierzirkeln grüner Ideologen auf einen Landratsstuhl im Osten und zeigen «denen» seither, wie man mit einer Zeitung linksliberale Gegenkultur entfaltet. Soll man die Ostler denn ungeschützt dem System überlassen?

Dem eigenen Spiegelbild schlägt man nicht ins Gesicht. Im ehemaligen DDR-Bürger erkennen sich viele Westdeutsche wieder. Sie begegnen jenem Typ des Deutschen, von dem sie dachten, sie seien ihn in den Reeducationskursen für immer losgeworden. Da begegnet ihnen ihre eigene Raffgier und Unempfindlichkeit, ihr Rassismus und ihre Bigotterie, ihre Deutschtümelei, ihre Staatsfrömmigkeit und ihr Kitsch. Das alles war nur notdürftig unter den wechselnden Moden verborgen gewesen. Erschrocken stellen sie fest: Das sind wir. «Ich bin auch gegen Ossis», ruft Mathias Richling, «das sind Deutsche wie du und ich – und ich kenne mich!» Gewiß, es geniert den Westdeutschen, daß sein östlicher Zwilling so arg dumpf geblieben ist, aber heimlich beneidet er ihn doch, daß er sich's leisten konnte, *ganz der alte* zu bleiben.

Inzwischen regt sich auch bei manchen Westlern Sehnsucht nach dem Ursprünglichen, nach dem vaterländischen Behaustsein, der Kameraderie in der ostdeutschen Schicksalsgenossenschaft. Die Einheit gibt den Westdeutschen die Möglichkeit, ihre angestrengte Modernität, ihre aufgesetzte kosmopolitische Attitüde loszuwerden. Die Leib-und-Magen-Illustrierte der ostdeutschen Mitläufer, SUPER-ILLU, bringt jede Woche Porträts strahlender Westler, die ausrufen: «Nie wieder Westen!» Im Osten, sagen die, hätten sie gefunden, was ihnen im Westen verschüttgegangen ist, «sehr gute Gespräche», «eine Rückbesinnung auf unsere Wurzeln und Werte», «so eine Natürlichkeit und Einfachheit». Für den aufgeklärten westdeutschen Kleinbürger haben die OMs die Funktion übernommen, die in der alten Bundesrepublik am Ende nur die Republikaner erfüllten: Man selber ist ja ein Feiner und will mit denen nicht in einen Topf geschmissen werden – aber gut, daß es Leute gibt, die noch Recht und Sitte kennen und nach Ordnung und Anstand rufen. Lästig, aber unerläßlich.

Seit die DDR verschwunden ist, wissen viele Westler nicht recht, wo ihnen der Kopf steht. Wenn heute die Freiheitsglocke bimmelt, ist das nur noch ein Geräusch. Was gilt es noch zu verteidigen, aus wessen Elend zieht man sein Selbstbewußtsein? Als es die DDR gab, konnte man – ebenso eindeutig wie ungefährlich – rufen: «Geh doch nach drüben, wenn es dir hier nicht paßt.» Seit der französische Erbfeind und das Weltjudentum nicht mehr recht dazu taugten, sich selbst zu definieren, konnten die Deutschen hüben wie drüben nicht mehr geradeaus sagen, wer sie eigentlich sind. Sie brauchten «die anderen» jenseits der Grenze dazu, ein unerschütterliches Feindbild. Die Bundesbürger (alt) waren jedoch vom Antikommunismus geistig viel abhängiger als die DDR-Bürger vom Antiimperialismus. Ohne den zünftigen Antikommunismus hätte selbst das Wirtschaftswunder nur halb soviel Spaß gemacht. Jetzt, wo das Feindbild weg ist, nur noch als verblassender Mythos in Kürzelsprache herumgeistert – «Stasi», «rote Bonzen», «SED» –, stehen die Westdeutschen nasepopelnd in der deutschen Landschaft herum, träge und demotiviert.

Der Ostler hingegen weiß genau, wer er ist, oder besser: wer er nicht ist – kein Westler. Was die Staats- und Parteiführung in vierzig Jahren nicht geschafft hat, gelang nach der Wende auf Anhieb: In freier Selbstbestimmung haben sie sich ihr Feindbild gewählt, das sie aus eigener, erschreckender Anschauung täglich auffrischen können. *Die Fratze des Kapitalismus* – jetzt hat sie Gesichter. Nur die Formen des Kampfes haben sich für die OMs gewandelt. Aus dem kalten Krieg ist kein heißer geworden, sondern ein alltäglicher, verdeckt geführter Schlagabtausch Mann gegen Mann, ein anhaltendes Mobbing Ostler gegen Westler, Westler gegen Ostler. Noch suchen die OMs die Feindberührung vor allem auf eigenem Territorium, aber bald schon werden sie ins gegnerische Hinterland vorstoßen.

Gedient in fremden Streitkräften

In der DDR wimmelte es nur so von Eichmännern, Globkes, Berijas, Salazars, Pol Pots, Pinochets, Ceauşescus. Einer für alle: Erich Mielke. Woche für Woche suchen die ostgemachten Gazetten nach Beweisen für die Blutrünstigkeit des Systems, dem alle glücklich entronnen sind. Wenn die greisen Monster des SED-Regimes vorgeführt werden, überfällt viele ein wohliger Schauer: *Mein Gott, was haben wir gefährlich gelebt! Wenn wir das gewußt hätten, wären wir nicht so verdammt mutig gewesen...*

Nach der Wende haben die DDR-Bürger Schritt für Schritt erfahren, was für ein Damoklesschwert über ihrem kleinen zarten Leben hing. Schon mit dem ersten Schrei hatten sie gute Chancen, im Wassereimer bei anderen Babyleichen zu landen. Hatte der SED-Staat eine Plankennziffer unwerten Lebens? Oder wurde der Kindsmord angeordnet, wenn Mutti und Vati nicht der *Gesellschaft für Deutsch-Sowjetische Freundschaft* beigetreten waren? Das offenbarte die Presse nicht. Aber die Wassereimer! Die Wassereimer im Kreißsaal hat sie gefunden.

Die nächste Lebenshürde: die Zwangsadoption. Bei seinen leiblichen Eltern aufzuwachsen war offenbar ein seltenes Glück. Elternpaare, die nicht bereit waren, ihr Kind der staatlichen Erziehung auszuliefern, fanden eines Tages, wenn sie ermattet aus der sozialistischen Produktion nach Hause kamen, das Kindbettchen verwaist. Oder die Elternteile standen plötzlich allein, nachdem sie durch einen Tunnel nach Westberlin gerobbt waren und Margot Honecker sich weigerte, die Kleinen hinterherzuschicken. Nicht selten war auch der

Fall, daß man ein Kleinkind, das – festgeschnallt am Ersatzrad – am Checkpoint Charlie halbtot aus einem Westauto gezogen wurde, nicht seinen Eltern zurückgab, nachdem diese die Haftstrafe wegen *versuchter Republikflucht* verbüßt hatten. Gemein!

Wer davon verschont blieb, bei stupiden, staatstreuen Stiefeltern aufwachsen zu müssen, war noch lange nicht aus dem Schneider. Wehrerziehung und Staatsbürgerkunde standen für alle auf dem Stundenplan, die atheistische Jugendweihe war ein erhebendes Datum innerhalb der Grundausbildung zum *Mauermörder*, zur *regimenahen Person*, zum *Täter* – oder wie die Berufe jetzt in den Zeitungen heißen. Oder man wurde gewaltsam gedopt, mit allem, was die Hausapotheke der DDR hergab; heraus kamen dann weibliche Schwimmwunder, die nicht nur schwammen, sondern auch als Bässe im Soldatenchor hätten singen können. Widerstand war bekanntlich zwecklos und endete in *Folterkellern*, vielleicht sogar in der Psychiatrie. Letzteres wurde von Leuten mit notdürftig verheilten Psychosen immer mal wieder behauptet, Beweise für die *politische Psychiatrie in der DDR* gibt es indes keine. Trotzdem: eine wunderbar gruselige Vorstellung!

Irgendwann war dann die Luft raus. Es wurden zwar noch Listen von Personen gefunden, die *im Unruhefall* zu internieren waren – die Enttäuschung bei manchen, die sich für gefährlich gehalten hatten, war groß. Aber es gab keine Steigerungen mehr, keine versteckten Verliese, keine Gräberfelder, keine freigelegten Katakomben. Noch einmal flammte das Interesse der Voyeure auf, als ein Blatt titelte: «So praßten die Roten Fürsten».Da sah man Hirschgeweihe über einem Garagentor und Wohnzimmerbars mit Colabüchsen und Bempeln auf den Wandbords, ein überdachtes Schwimmbassin, in dem das Politbüro die Gicht bekämpfte, und Einfamilienhäuschen hinter Stacheldraht. Die Enthüllungen wurden spärlicher. Die Einbildung der Unterdrückten, der Vorhölle entronnen zu sein, blieb jedoch, ja, sie wurde ihnen immer lieber.

Diese Einbildung macht die Ostler als Objekte ethnologischer Studien begehrenswert. Sie hält sie als Phänomene der Zeitgeschichte frisch und als Kollektiv zusammen. Sie verleiht ihren Biographen durchaus heldenhafte Züge. Viele sehen sich, wenn sie auf ihre sozialistische Vorgeschichte zurückblicken, gern auch als kämpferisches Potential, das in all den Jahren gewissermaßen latent aufrührerisch war, als eine politisch sensible Volksgruppe, in der es unablässig brodelte und zischte, in der man sich konspirativ auf den *Tag X* vorbereitete. So wie man als Volk von Antifaschisten in die Geschichte der DDR eingetreten war, wollte man in das wiedervereinigte Deutschland zumindest ohne den Makel aufgenommen werden, feige gewesen zu sein. Den komischen Zusammenbruch der DDR schrieben sie sich als ihre entscheidende Mutprobe gut. «Das Volk, das eine großartige friedliche Revolution gemacht hat, läßt sich nicht von den Westdeutschen zu einem Volk von Mitläufern und Feiglingen abstempeln», hieß es 1990 in mühsam auf Wendekurs gegangenen SED-Blättern. Manche hoben sich von dieser Gesellschaft der Geduldigen und Tapferen noch zusätzlich ab und verliehen ihrer Vita exemplarischen Charakter. Kurzzeitig machten sie in Talkshows und Illustrierten von sich reden, nach dem Muster: Je zahlreicher und furchtbarer die Wunden sind, die ich vorzuweisen habe, desto rascher komme ich vom Katzentisch weg und an die große Tafel.

Das war gar nicht falsch kalkuliert: Geschult durch BILD-Hilfsaktionen, zahlt der Westdeutsche nur an wirklich Leidende; wer erlittenes Leid nicht glaubhaft machen kann, hat von ihm nichts zu erwarten. Ohne ein nachgewiesenes Vor-Wende-Elend mit anschließenden Nach-Wende-Wehen gibt es keine Transferzahlungen von West nach Ost. Nicht zufällig brach bei den Kämmerern in Schwaben das große Murren über weitere Ausgleichszahlungen aus, als ihre reisende Klientel zu Hause genervt berichtete, sie sei Ostlern sogar auf den Malediven begegnet.

Unter Systemwechsel verstand man im Sozialismus, daß das Unterste nach oben kommt. Sich heutzutage oben zu halten, so spekulieren viele, verlange den glaubhaften Nachweis, möglichst tief unten gewesen zu sein. Wo sich ein Bürgerrechtler zeigt, schlagen ihm die Mitläufer vor Herzlichkeit die Schulter krumm, und den Roten, die sich am Ende nicht mehr wehren mochten, diesen *kommunistischen Blutsaugern*, diesen *roten Nazis*, schicken sie kernige Flüche hinterher. Eifrig setzen sie sich bei Pfarrer Gauck in die Schmökerstube, überfliegen die korrekt notierten Nichtigkeiten, die ihr Leben gewesen waren, und stoßen in rhythmischen Abständen Schmähungen aus («Das war mein bester Freund – dieses Schwein»). Das war's dann aber auch schon. Wenn es nicht gerade Lyriker, Filmschauspieler oder Kammersänger ist, also ein Objekt der Begierde für «Bunte» oder «Bild der Frau», kann *das Opfer* mit seiner Leidensgeschichte wenig anfangen. Es bekommt nicht einmal einen Festzinskredit dafür.

Welchen mentalen Aufwand haben die Mitläufer in den letzten vier Jahren getrieben, welcher Gehirnwäsche haben sie sich unterzogen! Inzwischen glauben sie schon selber, der Prager Frühling sei für sie *ein Signal der Hoffnung* gewesen, ihr Herz habe 1981 mit den Danziger Werftarbeitern geschlagen, und mit ihren Reisen zur Tante im Westen hätten sie «innerlich» ihre Republikflucht vorbereitet *(Wenn Tante nur einmal gesagt hätte, bleib hier, Junge...).* Soll all das umsonst gewesen sein?

Diese Leute geraten in einen bedenklichen Zustand von Hysterie (spontane Leserbrieftätigkeit, panische Gruppenbildung), wenn Sätze fallen wie: «Es gibt kein System, das prinzipiell alles falsch macht.» So etwas Dummes sagt Wolfgang Schäuble, von dem sie das am wenigsten erwartet hätten. Wer so daherschwätzt, für den ist die Kollaboration mit dem *Regime* das Normale, Gesunde, und Dissidententum, das viele so gern für sich reklamieren, gilt ihm eher als verrückt. Bestürzt erkennen sie, daß ihr übermenschlicher Verdrängungsaufwand und ihr darstellerischer Ehrgeiz in der Opferrolle regierungsseitig kaum noch honoriert werden: Die Opferverbände, in denen auch agile OMs untergekrochen waren, stehen vor dem finanziellen Aus. Vielleicht erhascht dieses oder jenes Opfervereinsmitglied eine ABM-Stelle als Wächter über Mielkes muffiges Arbeitszimmer; dann kann er sich von Besuchergruppen aus dem Westen betatschen und begaffen lassen: Aha, so sieht ein echter Widerstandskämpfer aus! Aber schon heute ist es für den aufstrebenden OM nicht mehr sinnvoll, mit einem wirklichen Dissidenten verkumpelt zu sein: Karriere machen nicht sie, die Protagonisten der Bürgerunruhen vom Herbst 1989, sondern erprobte Opportunisten.

Wer hätte aber auch ahnen können, daß die Sieger im kalten Krieg so lax mit dem heiligen Erbe des Widerstands verfahren? Wer hätte denn ahnen sollen, daß ihnen nichts läßlicher erscheint als das pure, auf Eigennutz erpichte Mitläufertum – zumal wenn es sich spätestens mit dem 3. Oktober 1990 zum Überläufertum verwandelte? Wer konnte denn ahnen, daß es in den Parteibüros der SPD und der CDU im Osten dereinst nachgerade als Auszeichnung gelten würde, in der SED gewesen zu sein? Klar war, daß in der *neuen Zeit* der OM nicht auf Anhieb wieder dort stehen konnte, wo er im Honecker-Sozialismus gestanden hatte, im Mittelpunkt nämlich. Über verschiedene Stufen der Reinigung mußte er sich seine zentrale Position in der Gesellschaft zurückerobern. Die Phasen dieser Katharsis lassen sich am besten am IM erkennen, des OM großem Bruder sozusagen.

In der ersten Phase war der IM der Watschenmann für die neuen Staatenlenker und für die alten Mitläufer. Rasch war er als das personifizierte Grundübel des Sozialismus ausgemacht. Was immer Furchtbares geschehen war in vierzig Jahren DDR, der Täter war immer IM. Auch was an der DDR erbaulich und gemütlich schien, der große Bruder hatte es perfide inszeniert, um die Mitläufergemeinde sorglos und fröhlich zu stimmen. Wer hatte den Kleinen im Kindergarten affirmatives Liedgut eingehämmert? Wer hatte den Jugendlichen ein Gelöbnis auf die SED abgepreßt? Wer war der Schließer im Knast gewesen? Wer hatte zum Ruhme des Sozialismus Nieren transplantiert? Wer hatte Bücher verhindert oder – noch schlimmer – zum Druck befördert? Wer hatte das Haus-, wer das Brigadetagebuch geführt? Der Täter war immer IM.

Der IM war das immanent Böse des Systems, das satanische Prinzip, der Fluch, der über dem Alltag lag. Er war überall und nirgendwo, fast jeder konnte es gewesen sein, und hinterher war's keiner. Der IM war die Deponie für das eigene schlechte Gewissen, die Adresse für den eigenen Verrat, für die kleinen, alltäglichen Denunziationen, die in keiner Akte stehen. Der IM war der schwarze Mann, der den neugewendeten Demokraten im Schlaf erschien, der Kinderschreck für die auf das neue System umschulenden Söhne und Töchter: *alle Stasi – außer Mutti.*

Die Führungsoffiziere des MfS sorgten für Nachschub; indem sie den Bedarf der Nachrichtenmagazine deckten, taten sie so, als ob sie das gesamte Geflecht der IM-Tätigkeit rückhaltlos offenlegen wollten. Gern widersprachen sie einander öffentlich und demonstrierten nochmals ihre Liebe zum Detail – hat «IM Sekretär» den Stasiorden aus den Händen des Ministers empfangen oder einem toten Briefkasten entnommen? – und zur Wahrheit, denn es war ihnen um die gerechte Bewertung der Tätigkeit ihrer Schützlinge zu tun. Führungsoffiziere nebst Akten wuchsen sich zum deutschen Orakel aus. Obristen der Staatssicherheit bereiten bis heute liebevoll Dossiers in der Gauck-Behörde auf, gehen träumerisch alten Suchpfaden nach und stellen täglich ihre «Loyalität zum demokratischen Rechtsstaat» (Gauck) unter Beweis. Ihr «Insiderkomitee», ein Verein zur Traditionspflege, zum Gedankenaustausch in froher Runde und zur gegenseitigen sozialen Sicherung, achtet darauf, daß fachliche Leistungen in der Öffentlichkeit nicht diskreditiert werden.

Wäre in dieser Phase der *Aufarbeitung der Geschichte des SED-Regimes*, in der Phase der Teufelsaustreibung, der schizoid zwischen Stasilyrik und Prenzelprosa verirrte Dichter Sascha Anderson – um einen beliebigen Namen zu nennen – zum Ruhme des schwer betroffenen Widerstandskämpfers Wolf Biermann und zur Ehre aller anderen siebzehn Millionen geschundenen DDR-Kreaturen zu lebenslanger Dunkelheit verurteilt worden (noch besser natürlich guillotiniert), das eingebildete Leiden der OMs am Sozialismus wäre augenblicklich verheilt und Deutschland wieder froh gewesen. Aber obwohl sich die Westmedien darin überboten, Personen von öffentlicher Bedeutung vorzuschlagen, die nach Aktenlage geeignet gewesen wären, diesen Blutzoll zu entrichten und als Symbol der Niedertracht in die Geschichte einzugehen, wurde daraus nichts. Niemand hatte den Mut zur historischen Glorie – keine altruistischen Charaktere, die sich die Stasi da angeheuert hatte.

Auch der Mob war eigentümlich kleinmütig, zu Revolution nicht aufgelegt und ließ manche Okkasion zur Lynche verstreichen. Als Wolf Biermann dem verunglückten Aufruhr sein lustloses «An die Laterne!» hinterherschickte, waren die OMs längst so sehr mit dem eigenen Überleben beschäftigt, daß sie für anderer Leute Laternentod keine Zeit mehr abzweigen mochten, und die Blutrache fand nur im Feuilleton statt. Einmal, noch unter Modrow, schien es, als wollten sie Honeckers Greisenleib zerfleischen, als der, entlassen aus der

Idylle des Pfarrstübchens in Lobetal, für sich und Margot eine Bleibe suchte. Da trommelten Hausfrauenfäuste aufs Dach seiner Karosse, Gift und Galle tropften von der Windschutzscheibe, eine postrevolutionäre Attitüde. OMs wären keine OMs, hätten sie sich selber die Hände dreckig gemacht. Staatsfromm, wie sie sind, vertrauten sie darauf, daß *die Sieger der Geschichte* jene Anzahl Köpfe rollen lassen würden, auf die ein Recht zu haben sich die Mitläuferschaft des Sozialismus einbildete. Verwöhnt von ihrem Sozialismus, glaubten sie, *die da oben* würden ihnen weiterhin jeden Wunsch von den Augen ablesen. Die meisten Pogrome der Neuzeit waren staatlich organisiert.

Die Erwartungen wurden weitgehend enttäuscht. Am liebsten hätten sie, gleich nachdem *die neue Ordnung* etabliert worden war, eine Art Nürnberger Gerichtshof gehabt. Am liebsten sähen sie ihre beschauliche DDR nämlich mit dem KZ-Staat und ihre hasenjagenden Führer mit den Massenmördern des Dritten Reiches verglichen. Ein Tribunal à la Nürnberg hätte offenbart, wie übermenschlich drükkend der Druck gewesen war, unter dem sie sich zu liebedienerischen Geschöpfen verformt hatten. 1990 neigten sie noch dazu, ihrer harm- und zuletzt so hilflosen Regierung ganz schlimme Verbrechen zuzutrauen; sie mochten einfach nicht glauben, daß sich ihr Staat allein durch ihren ehrgeizigen Opportunismus so lange gehalten haben sollte. In dieser Phase erhofften auch erschöpfte Bürgerrechtler, der neue Staat werde ihnen Genugtuung verschaffen: Bärbel Bohley mit bebendem Organ als Kronzeugin der Anklage vor einem internationalen Gerichtshof. Auch daraus wurde nichts. Die bundesdeutsche Justiz hat die Größe der historischen Stunde nicht erspürt und sich statt dessen auf die verfahrensübliche Langstrecke begeben. Frau Bohley prägte das gefiederte Wort: «Wir dachten, wir bekommen jetzt Recht – aber wir bekamen den Rechtsstaat.»

Und der kam mit wunderbar komischen Prozessen, über die viel zuwenig gelacht wurde. Es war die Stunde der Komödianten: Honecker als Patient, Mielke unterm Lederhut, Anwalt Plöger mit seinem Kumpel Julius Hackethal, Richter Bräutigam als leidenschaftlicher Autogrammjäger. Wie immer, wenn sie Volkesstimme simulieren, riefen die OMs nach kurzem Prozeß. Aber eigentümlich lustlos schon, ohne ihren alten Trieb zum Jagen und Hetzen. Daß kein Blut floß, ließ jedoch besonders westdeutsche Altachtundsechziger zürnen, die ihre Chancen schwinden sahen, doch noch am Klassenkampf beteiligt zu werden.

Die Bürgerrechtler träumten weiter ihren Traum von Sühne. Anscheinend sahen sie nirgendwo im Osten die Bürgerrechte bedroht. Deshalb zogen sie sich im Hochgefühl des «Es ist vollbracht!» auf den Ursprung der Revolution zurück, um mit Muße ihrem Vergeltungsauftrag nachzusinnen. Sie entwickelten ein System, alte Funktionäre nach Leipzig vors Tribunal zu locken, sie zu entlarven und abzustrafen. Pfarrer Schorlemmer sah sich schon in einer Dauerfernsehsendung nach Art von «Pro und Kontra» in roter Robe als Spielmeister der endgültigen Gerechtigkeit agieren.

Das alles war freilich nur in selbstloser Vereinstätigkeit zu realisieren. Im neuen Deutschland steht es schlecht um die Aktivisten der ersten revolutionären Stunde. Der Saga vom Widerstand will im Westen kaum einer noch zuhören. Ach, ihr wart das also, sagen die Westler und wenden sich angewidert ab. Wer will schon mit Leuten umgehen, die schuld daran sind, daß Ost- und Westdeutsche sich nicht mehr aus dem Weg gehen dürfen?

Jetzt, wo die deutsche Einheit erreicht ist, ist es hohe Zeit, den Ehrenhain des Widerstands zu bepflanzen, mit Lorbeer und Immergrün. Dabei legen die Bürgerrechtler selbst gern mit Hand an. Überall haben sie Opfervereine gegründet und Gedenkbibliotheken mit Devotionalien der *friedlichen Revolution* bestückt. Dort sitzen sie dann bei Kaffee und Kuchen, lauschen kryptischen Versen, die Lyriker aus dem Prenzlauer Berg im Gefängnis geschrieben haben wollen, zeigen einander ihre Wunden und beklagen, daß man Mielke seinen Lederhut und Modrow sein Abgeordnetenmandat läßt. Wolf Biermann, die Nachtigall der Revolution, wird seinen Nachmieter aus der Wohnung in der Berliner Chausseestraße herausklagen, denn das könnte ein schöner Tempel der Andacht werden, mit Fotodokumenten wie «Biermann mit Gitarre und Havemann am Ofen». Die Köpfe der Résistance lassen sich Gipsmasken abnehmen, damit die Jugend des nächsten Jahrtausends weiß, wie die Männer und Frauen ausgesehen haben, die die Demokratie herbeiputschten. Die erste Gelegenheit, zu Unsterblichkeit zu kommen, war zwar nur der böse Scherz eines Satirikers – aber beim nächsten Mal...

Bevor aber der Ehrenhain geweiht werden kann, müssen böse Vorurteile ausgeräumt sein. Nützliche Idioten seien die Untergründler gewesen, heißt es heute abfällig im Osten, eine Facette der Volksbelustigung, das Gruselelement im OM-Alltag, das zweite nach der Stasi. Nichts anderes hätten sie betrieben als der große Rest auch: Privilegienhascherei – einmal nur gedruckt werden, auch mit geklöppelter Lyrik, einmal nur gefürchtet und umschmeichelt und unangreifbar sein – und als Ausweis des Erfolgs ein Dauervisum für den Westen wie Stefan Heym. Der Lärm, den sie dafür gemacht haben, sei schließlich auch nur Erpressung gewesen.

Wer so blasphemisch daherredet, verdrängt, was sie geleistet haben: Sie haben sich Verse abgerungen, die so dunkel waren, daß die Stasi mit deren Transkription praktisch lahmgelegt war. Sie haben sich todesmutig zu Rosa Luxemburg bekannt. Sie haben kleinbürgerlichen Karrieren entsagt, Wühlarbeit als Friedhofsgärtner geleistet oder in anderen Verkleidungen – als abgebrochener Philosoph, als Jugendseelsorger, als Keramiktöpferin oder Liedermacher. Sie haben zu jeder Tages- und Nachtzeit für jede West-Fernsehkamera und für fast kein Geld bereitgestanden, sich unter Anleitung des kleinen dicken Korrespondenten zu Prozessionen rund um ihre Friedensgebetskirchen zu vereinen. Sie haben aus nassen Wohnungen ihre Lageberichte für RIAS und Deutschlandfunk gekabelt. Das darf man ihnen nicht vergessen.

Die *roten Bonzen* hätten allen Grund, ihnen dankbar zu sein. Ohne sie hätte die Staatssicherheit keine Existenzberechtigung gehabt. Tausende gutqualifizierte Kader waren von ihnen abhängig, ohne sie keine Beförderungen und Heldenorden. Sie machten ihnen den inneren Feind, ohne den kein Staatswesen sich definieren kann. Erst ganz zuletzt konnte die Stasi auf ihre Aktivitäten weitgehend verzichten und mit geschulten Dissidenten die richtigen Unruhen in der richtigen Ordnung und mit anschließenden kontrollierten Parteigründungen selber produzieren.

Aber Undank ist der Welten Lohn. Auch die OMs haben vergessen, wie treu die Bürgerrechtler in entscheidenden Augenblicken zu ihrem kleinteiligen Sozialismus standen. Oder haben sie etwa nicht tapfer das heimische Nest gehütet, als andere sich längst aus dem Kleingartenparadies davonmachten? In ihren Lesezirkeln, Ökoseminaren und polygraphischen Bastelabenden *unter dem schützenden Dach der Kirche* haben sie sich nichts angemaßt, was die Gesellschaft der ostdeutschen Mitläufer auch nur hätte verunsichern können – keine Streiks und freien Gewerkschaften wie in Polen, keine politisch folgenreiche Revolte wie in der ČSSR. Daß der Sicherheitsapparat so eine schreckliche Phobie gegen sie entwickelt hatte, dafür konnten sie schließlich nichts. Denn über die Sekte sind sie nie hinausgekommen.

Wie auch, wenn man sich immerzu in Versen ausdrückt, für die Rettung des Löwenzahns und die Einführung des Gesundheitsschuhs agitiert. In keiner ihrer politischen Forderungen, sofern die auszumachen waren, standen sie in einem wirklichen unversöhnlichen Gegensatz zur Spießerregierung. «Interessant ist, daß die DDR-Opposition von Illusionen und Idealen geprägt war, die aus der Pionierbewegung stammten. Bärbel Bohley trat ja wie ein typischer Jungpionier auf, der das Wahre, Schöne und Gute sucht. Viele von denen, die nicht den Kopf, aber doch den Kragen für eine bessere DDR riskiert haben, sind jetzt bereit, alles an der DDR verwerflich zu finden. Ich verstehe das: Ihnen wird die Biographie weggenommen, deshalb müssen sie um sich schlagen. Sie haben gelitten, das darf nicht umsonst gewesen sein» (Heiner Müller). Wer hätte den dampfenden Zorn der OMs auf die eigene Vergangenheit besser artikulieren können als die Bürgerrechtler? Frau Birthler und Herr Weiß, Herr Poppe («Wir kriegen euch alle!») und Herr Schulz waren als Ideologen in ihrem Element. Leider erschöpfte sich das schnell. Denn die Führungskader der OMs und IMs dezimierten sich eilig, konvertierten hoffnungsvoll zu staatstragenden Verbänden oder kamen in der Wirtschaft unter, wo Bürgerrechtler keinen Zutritt kriegen.

Wo stünde Deutschland, wenn es die Opposition in der DDR nicht gegeben hätte? Genau da, wo es jetzt steht. Aber wie allen gutwilligen Ostlern darf man auch den Oppositionellen nicht das Recht absprechen, in die deutsche Einheit *etwas einzubringen*. Ohne sie wären Betroffenheitsphrasen, Beleidigtsein, Weinkrämpfe und Hysterie nicht zum beständigen Element der gesellschaftlichen Auseinandersetzung geworden. Mit ihrer Humorlosigkeit und ihrer Prinzipienreiterei *im Dienst an der Sache*, mit der sie für jede leninistische Parteizelle geeignet gewesen wären, wird das neue Deutschland nun – bis die Zweistaatlichkeit errungen ist – leben müssen. Sie werden in den nächsten Jahren auf all den Pöstchen zu finden sein, wo Leute gefragt sind, die den «absolut Ehrlichen» raushängen lassen können.

Inzwischen brach die Rezession ins Land, und sie verschaffte dem IM mitsamt den *alten Bonzen* eine neue Funktion: die des Saboteurs am *Aufschwung Ost*. Das war die Phase, in der jedermann an die intimsten Stellen der Leiche DDR, an ihre Geheimakten, herankam (nur nicht die, die sie in selbstloser Fleißarbeit gefüllt haben), sie aufkaufen, horten, verschieben, ausschlachten, kopieren, auseinanderschneiden und neu zusammensetzen konnte. Keine Boulevardzeitung im Osten, in der nicht *alte Seilschaften*, dunkle Mächte, rote Sapogenten in Ämtern und Verwaltungen geoutet wurden. Millionen an Solidaritätsspenden aus westdeutscher Bruderhand würden sie versickern lassen, hieß es, Baugenehmigungen verschleppen und sich abfällig über Ostprodukte äußern. Nicht daß sie wieder (oder weiterhin) in Einflußpositionen saßen, regte die Mitläuferschaft auf, sondern daß sie darin für den Aufschwung nichts riskierten und *auf stur geschaltet* hatten. Der Hauptvorwurf gegen sie lautete folglich, «daß alles viel zu langsam geht».

Während die Regierung beizeiten davon abgelassen hatte, die kommunistische Führungsriege wegen des wirtschaftlichen Niedergangs und der sozialen Katastrophen im Nachwende-Osten zu schelten, beharrten die OMs darauf, daß der *innere Feind* seine taktischen Anweisungen aus den gruftigen Dreizimmer-Plattenbauwohnungen der alten Funktionäre empfange. Sie teilten ihre Phobie mit den nun auch für ihr Territorium zuständigen Geheimdiensten, die in ihrer bescheidenen öffentlichen Darstellung auf den neuerworbenen Observationsgegenstand «alte Stasis» verwiesen.

Wer im Stalinismus das Leben gelernt hat, der mag den Kinderglauben an den inneren Feind nicht missen. Ob die Verschwörung britischer Spione und Trotzkisten, jüdischer Ärzte und des Weltzionismus, ob später die Emigranten, die vor Hitler nicht in die UdSSR, sondern in den Westen geflohen waren, oder die Agenten des Adenauerstaates und die Ostpropagandisten der SPD – immer gab es ein finsteres Etwas, das Schicksal spielte. Der altstalinistische Unterwanderer ist vielen als Feindbild fast noch lieber als der Westler.

Die Ängste vor der fünften Kolonne des MfS und den agilen Apparatschiks wurden angefacht von rätselhaft raunenden Nachrichten über *Regierungskriminalität* (wobei immer unklarer wurde, welche Regierung eigentlich gemeint war) und von den sich täglich überschlagenden D-Mark-Verlustschätzungen. Als ruchbar wurde, daß unter den krummen Hunden, die für die Treuhand Ostbetriebe verschleuderten, Kader der alten Wirtschaftsnomenklatura waren, die sich gewissermaßen das Volkseigentum zurückholten, brach der Osten in helle, allerdings folgenlose Verzweiflung aus.

Auch dieser Trubel um den IM hielt nicht ewig. Sei es, weil die Berliner Justizsenatorin die Verfolgung der *Regierungskriminalität* aufgrund finanzieller Engpässe in ihrem Ressort mehr oder weniger abblasen mußte, sei es, weil es mit Wirtschaft und Staatsfinanzen im allgemeinen und dem *Aufschwung Ost* im besonderen so behende abwärtsging: Die *alten Seilschaften* gerieten allmählich aus dem Blickfeld, und die Ostdeutschen fingen an, sich wieder als Opfer ihrer aktuellen Machthaber zu fühlen. Und jetzt geschah Absonderliches: Die, die sie sich von zornigen Bürgerrechtlern gern als deren *Peiniger* hatten vorführen lassen, waren ihnen plötzlich nah, geschunden und betrogen wie sie selber. Als der Berliner Senat die zweihundert Stasimänner entließ, die dem Wenderuf «Stasi in die Produktion» gefolgt und bei der Müllabfuhr untergekommen waren, blieb es noch still. Noch hatten die meisten Arbeit, und «irgendwie» mußte Strafe ja auch sein. Wenig später aber saßen sie alle gemeinsam auf den Fluren der Arbeitsämter, Vorkämpfer der Wende, alte Stalinisten, gewöhnliche Opportunisten, OMs und IMs, und jeder konnte von sich sagen, daß ihn dieses Schicksal ganz und gar unverdientermaßen treffe. So was verbindet.

Von nun an stand der IM im Mittelpunkt des Gefühlslebens der Beitrittsdeutschen, als einer, den die Gemeinheiten der Wiedervereinigung besonders hart getroffen haben. All der Unflat, der über ihn gekommen war, fiel von ihm ab, und siehe, da stand er, der stille Held der Nachwende. Als die Thomaner um ihren beliebten Kantor Prof. Rotzsch weinten, loderte in der Heldenstadt seit langem wieder Bürgerzorn auf, und man verbat sich tausendfach per Unterschrift unter Petitionen, daß Westdeutsche in Biographien von Leuten herumfuhrwerken, «die es auch bloß gut gemeint haben». Da ließ sich voraussehen, wohin die Entstasifizierung des Ostens führen würde: zu solidarischer Eingemeindung der IMs in den Kreis der Opfer. Und etwa nicht zu Recht? Allzu offensichtlich dienten die Stasi-Akten den Westdeutschen dazu, Personal- und andere Probleme schnell und billig zu lösen, denn im Westen ergraute ein Akademikerüberhang. An der Charité wurden Koryphäen ihres Faches wegen einer Unterschrift, die sie als überschwengliche FDJler in der Euphorie der DDR-Aufbaujahre gegeben hatten, von ihren Lehrstühlen gestoßen. An der Humboldt-Universität provozierte der Rausschmiß des Theologen Heinrich Fink (IM Heiner) eine kleine Studentenrevolte, natürlich eine friedliche, wie man das von Kindern der DDR erwarten konnte.

Das Thüringer Kultusministerium rechnete nach den Herbstferien 1993 mit Unruhen an seinen Bildungsanstalten: 530 Lehrer mit unreiner Akte kehrten in die Klassenzimmer zurück. Sie waren von den Säuberungskommissionen der christlich hochgemuten Frau Minister Lieberknecht zur Strecke gebracht worden, hatten sich aber, statt still Buße zu tun und die städtischen Grünanlagen aufzuräumen, durch die erste Instanz geklagt und dabei dem Land Thüringen 4,7 Millionen Mark an Abfindungen und Anwaltskosten abgepreßt. Die Furcht vor Unruhen an Thüringens Schulen erwies sich als unbegründet – eher hätte man Angst vor Freudenpartys der Schüler haben müssen. Denn deren Schulalltag war keineswegs bunter oder lehrreicher geworden, seit der Klassenfeind aus den Klassenzimmern verbannt war. Häufig blieben sie mit den wenig ambitionierten Paukern zurück, grauen Mitläufertypen, die «nie irgendwo dazugehört» und «innerlich Pionierappelle immer abgelehnt» hatten. Da waren die von früher doch ein anderes Kaliber!

Allmählich fingen die Illustrierten an, Mitleid mit dem IM zu wekken. So leichtfertig wie der Sänger Emmerlich sein Dresdener Publikum brüskiert hatte, als er Schauspielerkollegen aus dem Theater jagen ließ, die ihn bespitzelt hatten, so leichtfertig wollte man die Leser nicht verprellen. Eine Rührstory folgte auf die andere, alle hätten sie unter der Rubrik «Denunzieren ist menschlich» stehen können. In der SUPER-ILLU las sich das Stasi-Outing eines Sportlers mit der Schlagzeile «Ich schäme mich so sehr» so: «September '93, spätabends. Sohn Friedrich schläft. Das Ehepaar sitzt im Wohnzimmer. Sie auf der Couch, er im Sessel, der Fernseher läuft. ‹Anett›, sagt er, ‹ich muß dir was gestehen, was ganz Schlimmes.› Er erzählt alles, von Anfang an. Ronald redet, minutenlang. Er weint. Sie schaut auf den Glastisch. Hört zu, schweigt – betäubt, verstört. ‹Ich hatte solche Angst vor ihrem ersten Wort›, sagt Ronald. ‹Und dann hat Anett gesagt, daß sie zu mir hält. Daß sie bei mir bleibt.› Hat sich ihre Beziehung seit diesem Abend verändert? ‹Ja, unsere Liebe ist intensiver geworden.›»

Ja, die Liebe ist intensiver geworden. Gerade wollten die Ostdeutschen zur Vorweihnacht übergehen, da traf sie der härteste Schlag. Beim «Wühlen in den Exkrementen der Vergangenheit» (Peter Michael Diestel) wurde nun auch ihre Franzi, das süße Schwimmwunder, in den Dreck gezogen: Mama, Majorin der Volkspolizei, hatte Nachbarn und Kollegen im Dutzend bei der Stasi verpetzt. Jetzt war es endgültig genug. Bei Stimmungsumfragen ließen die OMs düster anklingen, daß sie das alles nicht mehr lustig finden. Mehrheitlich neigen sie ihrem Kanzler zu, der bekennt, nicht auseinanderhalten zu können, was Dichtung und was Wahrheit sei – gib Bussi auf Helmut!

Helmut Kohl nutzte die Gunst der Stunde, die ihm die Ostler mit ihren Stasi-Querelen bereiteten. Ihn drückten die 50 Kilometer Akten, die Spitzelberichte aus dem Gebiet der Bundesrepublik (alt) enthalten und heute in einem Lübecker Archiv lagern. Sie sind noch immer wohl verschnürt, und das sollen sie, ginge es nach Helmut Kohl, auch bleiben, denn im Wahljahr wäre es mehr als ein Schönheitsfehler, müßten sich plötzlich bewährte alte Mitstreiter als alte bewährte Spitzel offenbaren. Dunkel war seine Rede, klar war ihr Sinn: Er wisse, sagte er, was er mit den Akten tun würde. Friedrich Schorlemmer wußte es nicht nur, er sagte es auch gleich: Er würde sie einem Freudenfeuer anvertrauen. In einer Umfrage der «Berliner Zeitung» forderten 76 Prozent der Befragten: Macht die Stasi-Akten wieder zu! Die meisten Ostdeutschen haben das Thema einfach satt. Und einige von ihnen – die Potsdamer – nutzten die erstbeste Gelegenheit der Bürgermeisterwahl im Dezember 1993, um den Westlern das begreiflich zu machen: Sie votierten überzeugend für den Kandidaten der PDS, und zwar nicht obwohl, sondern *weil* der sich dazu bekannt hatte, ein Informant des MfS gewesen zu sein.

Damit war die Vergangenheit aufgearbeitet, das war sie, die große Versöhnung. Die Mutti des Schwimmwunders ging sich bei der Nachbarin entschuldigen. Nun konnte es Weihnachten werden.

Da war es allerhöchste Zeit für die OMs, die Stimmungskurve wieder mal zu kriegen. Hatten sie nicht noch vor zwei Jahren auf die *roten Socken* geflucht? War nicht eben noch der Stasi-Verfolgungswahn ihr liebster Wahn gewesen? Vergessen! Jetzt witterten sie, daß sie mit der Rehabilitierung der IMs im Kleinkrieg mit dem Westler an Boden gewinnen würden, und darauf kam es schließlich an. Wo uns die Westdeutschen derart quälen und erniedrigen, sollen wir da einander unsere Fehltritte aufrechnen? Wir kennen keine Guten und keine Bösen mehr – wir kennen nur noch Ostdeutsche.

Plötzlich ist ihnen die Fürsorge für den IM ein Herzensbedürfnis. Ministerin Merkel fürchtet nun vor allem die «große Ungerechtigkeit gegenüber denjenigen, die wegen nachgewiesener Kontakte zur Staatssicherheit schon Konsequenzen ziehen mußten». Jawohl, sie müssen Wiedergutmachung erfahren, Entschädigung für erlittenes Unrecht und üble Nachrede. Die Bundesregierung wird ein Förderprogramm auflegen müssen, um die Karriereknicks dieser Leute auszubügeln, und eine IM-Quote wird dafür sorgen, daß die Unterprivilegierten im öffentlichen Dienst, in Parteien und Verbänden entsprechend ihrem Anteil an der ostdeutschen Bevölkerung vertreten sind. Aber sind sie das nicht sowieso schon? Was schert es sie, wenn Arnold Vaatz aus der Sächsischen Staatskanzlei höhnt: Offensichtlich sei Versöhnung ganz und gar unnötig, wo es im Osten doch kaum jemanden gebe, der sich schuldig fühlt...

Die IMs wurden wahrhaft zu Motoren der deutschen Einheit. Der Fußballer (Deckname Beckenbauer) mit der nunmehr verwaisten konspirativen Umkleidekabine versicherte, wie er das in der *Schule der sozialistischen Arbeit* gelernt hatte, seine Fehler durch vorbildliche Leistungen zu Ehren seines Sportklubs wettzumachen, der Spion im Eiskanal (Deckname Heiße Kufe) kündigte an, fortan noch weniger Widerstand zu bieten, und so dachte sich jeder, der gefehlt hatte, etwas Hübsches zum Wohle der sozialistischen Heimat aus. Im Mitläufervolk lobte man die IMs für Pflichterfüllung in schwierigen Zeiten, wie sie beispielsweise Manfred Stolpe vorgelebt und in eindrucksvolle Metaphern gefaßt hatte: «Wer mit dem Teufel essen will, muß einen langen Löffel haben.»

Wenn es überhaupt noch eines Zeichens bedurfte, daß der IM wieder in den Kreis der Vollbürger aufgenommen ist, so kam es im November 1993 mit einer winzigen Notiz in der überregionalen Presse: Die Mitarbeiter der Stasi bekommen ihre Jagdscheine zurück. Nicht nur Gleiche unter Gleichen sollen sie von nun an wieder sein, sondern auch einer Auszeichnung würdig, die im Osten stets berechenbaren, verantwortungsvollen Kameraden vorbehalten war. Eine Mitarbeit bei der Stasi, so entschied das sächsische Oberverwaltungsgericht, schmälere die jagdrechtliche Zuverlässigkeit keineswegs, im Gegenteil, die Fähigkeit zum ordnungsgemäßen Umgang mit der Waffe könne bei diesem Personenkreis vorausgesetzt werden. Die Vorzüge der *Schergen des Unrechtsregimes,* auch wenn sie nie Waidmänner gewesen waren, sind damit aktenkundig. Kein Wunder, daß sie heute überall in Deutschland Vertrauensstellungen einnehmen.

Der Versöhnung mit den ausgebufften Bösewichtern folgte, ohne daß die Politiker gefragt wurden, die Versöhnung mit den Cleverles auf der kommunalen Ebene. Das waren redliche, engagierte Genossen, die sich im Sozialismus angestrengt hatten, den OMs die Taschen und Augen zu füllen, und zu Wendezeiten dafür von ihnen einen Tritt bekamen. Warum sollte man sie jetzt nicht wieder holen, wo doch die Kommunalpolitiker aus Hessen und dem Rheinland so offensichtlich unfähig sind, sich im traditionell gewachsenen Filz zurechtzufinden? Die haben zwar den ehrenwerten Drang, aus dem Osten den Westen zu machen, wissen aber nicht, «wie man Hundescheiße wegmacht und Wohnungen baut», so einer der alten und neuen Bürgermeister im «Neuen Deutschland». In vielen Gemeinden aller fünf Ostländer, besonders in Thüringen, wo sich die Leute besonders schmerzhaft verwählt hatten, wurden schon innerhalb der Legislaturperiode die luschigen Bürgermeister der neuen Demokratie hinwegkomplimentiert und durch gewiefte alte ersetzt. Die Begründungen dafür waren echt ostgemacht. Die Feststellung «Der ist immer nur Trabant gefahren» reichte zur Qualifikation für das Amt. Vor den Brandenburger Kommunalwahlen im Dezember 1993 forderten die OMs ihre erprobten kommunalen Interessenverwalter unverblümt auf, sich mutig zu den Schönheiten des Kleinbürgersozialismus rückzubekennen. Der Ludwigsfelder Kandidat tat es mit «meinem Grundsatz aus sozialistischer Zeit: Ludwigsfelde ist ein Haus, das jeden braucht». Wenn er gesagt hätte, sein Motto sei das alte «Arbeite mit, plane mit, regiere mit» – es wäre ihm genauso angerechnet worden.

Da klapperten die Versöhnungsinitiativler de Maizière und Peter Michael Diestel nur noch hinterher. Schöne Grüße vom Kanzler bestellten sie den Ostdeutschen, und daß er ihnen nicht mehr böse sei. Beispielsweise würde es ihn nicht kränken, wenn die Ossis ihn im nächsten Jahr noch einmal wählten. Gib Bussi auf Ossi. Spitz fragte die PDS zurück, ob nicht vielmehr die Ostdeutschen allen Grund hätten, dem Bundeskanzler böse zu sein; ob der wirklich glaube, er könne Versöhnung als Trostpreis für das abgetriebene ostdeutsche Wirtschaftswunder anbieten. Wenn schon Versöhnung, dann, bitte schön, andersherum!

Denn welche Schmach wurde manchem angetan! Diskriminierend finden es beispielsweise Tausende, die einst das Ehrenkleid der Armee des Sozialismus getragen haben, daß die Bundesregierung für sie das Etikett «gedient in fremden Streitkräften» erfunden hat. In den Pensionisten-Bataillonen, in die sie eingerückt sind, brodelt es. Und sind sie nicht zu Recht empört? Was heißt denn hier «fremde Streitkräfte»? Das klingt ja wie «fremde Heere Ost», jene Wehrmachtsbezeichnung für die zweitklassigen Hilfstruppen beim Überfall auf die Sowjetunion. «Gegnerische Armee» müßte es der Ehre halber doch mindestens heißen, oder noch richtiger: «gedient beim Feind». Denn wenn ihr Leben in Stiefeln überhaupt einen Sinn gehabt haben soll, dann doch den, Gegner des Rommel-Traditionsvereins, Gegengewicht zum militarisierten Westdeutschland der fünfziger und sechziger Jahre und später zur bis zur Halskrause atomar bestückten Bundesrepublik gewesen zu sein. Sie hätten ein Recht darauf, als ordentliche Feinde zu gelten. Aber darum geht es ihnen nicht.

Statt dessen bot das ausgemusterte Offizierskorps der abgemusterten DDR den kläglichsten Anblick der Militärgeschichte. Nicht als Geschlagene kehrten sie ins vereinigte Deutschland heim, sondern bettelnd und barmend um weitere Verwendung beim ehemaligen Feind. Gesund sind sie aus der Konfrontation der Systeme zurückgekehrt, um sich anschließend mehrere Beine auszureißen, um in den Dunstkreis der gegnerischen Feldküche zu kommen. Ein ehemaliger Fähnrich im «Neuen Deutschland»: «Wären am 3. Oktober 1990 schwarze Uniformen ausgegeben worden, die meisten hätten sie angezogen.» So ausgiebig wie diese Kämpfer ist niemand sonst auf dem Bauch gekrochen – gerobbt, als Deckung gar nicht mehr nötig war.

Eben diese glückliche Erfahrung läßt den Minister für Verteidigung immer mal wieder betonen, die Überläufer hätten das strahlendste Kapitel der deutschen Vereinigung geschrieben. Dazu singt im Background der Carl-Maria-v.-Weber-Chor, Herren im gedeckten Anzug mit weinroter Fliege, einstmals heldische Kehlen im Erich-Weinert-Ensemble der NVA. Nun sind sie wieder zur Truppenbetreuung zugelassen. Im Radio erzählte zum «Tag der Einheit» ein Offizier, wie er sich mühe, nicht allzu vertraulich mit den Pampeln zu reden und keine Diskussionen zuzulassen, damit man ihm den Ostler nicht mehr anmerke. Die patriotische Gänsehaut, die sie hatten, als sie wieder MiG fliegen durften, diesmal für Rühe, hätten sie sich am liebsten wie ein neues Rangabzeichen auf die Uniform steppen lassen.

Die anderen, die nicht mit in den Unterstand kriechen durften, sind ein noch bedauernswürdigerer Haufen. Angeblich fühlten sie sich schon immer als deutsche Offiziere. «Gedient in fremden Streitkräften», das klingt ja, als habe man in Timbuktu im Busch gelegen. Man hat aber doch an den Heimatstandorten seine Pflicht erfüllt und eine Eins-a-Haltung an den Tag gelegt. Dummerweise gab es in der DDR nicht die Bundeswehr, sonst hätte man jetzt den ganzen Schlamassel mit den Pensionen nicht. Wer hätte denn ahnen können, daß zum Schluß nur ein Rententräger übrigbleibt.

Nun gut, ein kleiner Sieg ist errungen: Kanzleramtsminister Schmidbauer genehmigte im November 1993 die Bezeichnung «gedient in der NVA» auf den Vorruhestands- und Rentenantragsformularen. Immerhin wird man jetzt einem ordentlichen deutschen Heer zugerechnet. Das kann aber nur ein Anfang sein. Erst wenn ein Oberst a. D. wieder überall in Deutschland ein Oberst a. D. ist, ist die letzte Rentnerschlacht gewonnen.

Kompromißlos geht die CDU mit der *schrecklichen Hinterlassenschaft des Totalitarismus* um. Da gibt es für Generalsekretär Hintze kein Wackeln: SED-Funktionäre – Idealisten, Gesinnungstäter – kommen ihm nicht ins Haus. Wenn Leute aus dem Osten, dann solche, die zur CDU passen: Mitläufer. Der aufstrebende OM kann jetzt bei der CDU anfangen. Hintze vergatterte im Herbst 1993 seine Landesverbände in einem internen Positionspapier, im Osten ausschließlich «sogenannte Mitläufer» aufzunehmen, und zwar «nach besonders sorgfältiger Prüfung» – wahrscheinlich auf das Vorhandensein der klassischen deutschen Mitläufereigenschaften. Wie man die OMs kennt, werden sie von der *Öffnung der CDU nach Osten* profitieren. Sie werden so zahlreich in die Gliederungen der Partei einströmen, daß dort alte Bekannte aus den SED-Parteigruppen bald die Mehrheit bilden. Jeder kriegt wieder seine alte Funktion und ist wieder neu bei der Sache, mit heißem Herzen und in alter Treue.

Aus heiterem Himmel pflegt der Große Vorsitzende neuerdings zu überlegen, «was jene an Zukunftschancen vor sich haben, die beim Regime in irgendeiner Form beteiligt waren, aber sich nach landläufiger Meinung nichts haben zuschulden kommen lassen». Ein bemerkenswerter Satz. «*Beim* Regime beteiligt» gewesen zu sein – nicht «am Regime», wie es die deutsche Sprache verlangt, sondern quasi *angestellt bei* einer Firma – stellt «nach landläufiger Meinung» keine Schuld dar. Welche Zukunftschancen faßt der Kanzler für diese Angestellten ins Auge? Die Chance, einen Arbeitsplatz zu ergattern? Was werden die Westdeutschen dazu sagen, die weder *bei* noch *an* einem Regime beteiligt waren und trotzdem keine Arbeit haben? Was aber geschieht mit denen, die sich etwas haben «zuschulden kommen lassen»? Haben sie nur in der Zukunft keine Chance oder gleich gar keine Zukunft mehr? Und wohin zukünftig mit ihnen, nach Rußland oder ins Endlager Morsleben? Und schließlich: Was heißt «nach landläufiger Meinung»? Welche Zentralinstanz wird über die sechzehn Millionen ostdeutschen Anträge auf Bleiberecht in der Zukunft entscheiden?

So viele Fragen – und nur ein einziger Kanzler.

Gegen mehr als 22000 Ostdeutsche wird zur Zeit ermittelt, und ein Ende der Fleißarbeit ist nicht abzusehen. Alle diese Ostler waren «beim Regime beteiligt». Nach der «landläufigen Meinung» der Ermittlungsbehörden waren sie kriminell, weil sie sich nicht an die Gesetze der BRD (alt) gehalten haben. Warum haben sie sich nicht, als sie «beim Regime beteiligt» waren, im Geiste und im Herzen dem Grundgesetz verpflichtet gefühlt, das bekanntlich das Wiedervereinigungsgebot enthielt? Wenn die Geschichte geradegerückt wird, kann man nicht geschmäcklerisch sein: Inzwischen ist die Verjährungspflicht für unbefugtes Brieföffnen, sofern es im *Unrechtsstaat* geschah, dreimal so lang wie die für Totschlag.

Irgendwann einmal werden alle Urteile gesprochen sein. Wenn der letzte Delinquent in Handschellen gelegt und hinausgeführt wird, dann ist unser aller Seelenfrieden wiederhergestellt. Von dieser Stunde an wird die Vergangenheit *bewältigt* sein, gerächt, was zu rächen war, gesühnt, entschuldigt. Dann haben die OMs leichteres Gepäck auf ihrem langen Marsch durch die bundesrepublikanischen Institutionen, Parteien und Verbände. Dann geht es ihnen bestimmt auch wieder besser.

Kann man das nicht billiger haben? Per Präsidentenerlaß vielleicht? Justizminister Kinkel gab 1991 die ideologische Leitlinie vor: «Es muß gelingen, das SED-Regime zu delegitimieren.» Ein Regime, das an seiner Bewegungsunfähigkeit zugrunde gegangen ist, delegitimieren? Ist das nicht des Guten zuviel? Aber womöglich meinte der Minister etwas anderes als die *nachholende Gerechtigkeit*. Die Delegitimation des Alten ist nämlich immer auch die Legitimation des Neuen. Neu ist für den Osten das Alte aus dem Westen. Was verläßliches Recht war, ist null und nichtig – die Grundbucheintragung für das Einfamilienhaus, die Besitzurkunde der Bodenreform, der Fachschulabschluß als Unterstufenlehrer –, wenn es dem Vormarsch der Westler in die Ostprovinzen im Wege steht. Nur die Ehen gelten nicht automatisch als geschieden. Denn wer will schon einen Ossi heiraten?

Wessi, fürchte dich nicht!

Die Gestaltung der deutschen Einheit ist bekanntlich ein langwieriger und komplizierter Prozeß. Wirklich gelungen ist die Einheit bis heute nur an einem Ort, in Berlin. Hier zeigt sich, daß der Kampf der OMs um einen Platz in der ersten Reihe der Gesellschaft nicht vergeblich gewesen ist. Berlin ist die erste vollossifizierte Stadt Deutschlands. Der Westteil mit seinen verwöhnten, bequemen, laschen Insulanern ist in der Ostler Hand. Die Zeiten, in denen sie scheu, einen Döner auf der Faust, durch die Villenviertel im Grunewald irrten, sind vorbei. Längst haben sie die feineren Gevierte mit ihren scheißenden Pudeln, grabschenden Kindern, Trabantwracks und anderem Müll besetzt. Die Proletarisierung grassiert und macht vor keiner Ikone des Wohlstands halt. Die Stadt breitet ihr Elend aus, und die Touristen bleiben weg, weil man sich ungern den Wagen stehlen läßt. Schon ruft die CDU, bedrängt aus den Chefetagen von Wertheim und KaDeWe, nach einer Sondergesetzgebung für den Kurfürstendamm, die den Plebs fernhalten soll. Die Gedächtniskirche – Mahnmal des einst freien Berlin, dort, wo es am reichsten ist – ist durch Harnsäureanschläge in ihren Grundfesten bedroht; Polen, Rumänen und in den Wohlstandskulissen vagabundierende Ostdeutsche sparen Toilettengroschen. Durch die gestylte Welt des Konsums schiebt sich eine aggressive, neidische Masse, deren Verachtung für die Werte dieser Zivilisation wächst, je weniger Geld sie in den Taschen hat...

Die Ostler haben wahr gemacht, was sie ihrer Regierung im Herbst 1989, bevor das Türchen aufsprang, versicherten: Wir wollen nur mal gucken. Seitdem kommen sie nur mal gucken, immer wieder. In Abständen fallen sie in den Westen ein, und die Schneisen, die sie dabei durch die Stadt schlagen, werden immer breiter. Dann lassen sie die Westberliner wieder ein paar Tage in ihrer Verzweiflung allein. Die ost-westlichen Bekanntschaften aus jenen mit Euphorie aufgeladenen Tagen, als DDR-Bürger in Charlottenburg mit Sekt begossen wurden und für den Satz «Guten Abend, ich komme aus der Diktatur» Einladungen in feine Restaurants bekamen, sind zerbrochen. Die Ostberliner haben die Kontakte nach drüben einschlafen lassen, denn sie können das ewige Jammern nicht mehr ertragen.

Das kulturelle und geistige Kraftfeld Berlins hat sich in den Osten verlagert. Dort kämpfen die Menschen ihre Lebenswidersprüche aus, dort spielt die Musik, rote und schwarze Fahnen signalisieren: Hier weht ein neuer Wind. Der Westteil steht still als Museum der achtziger Jahre. Nur daß niemand mehr die Menagerie sauberhalten mag, ist das Problem. Die Westberliner versuchen so zu tun, als sei nichts geschehen, besuchen ihre Komödientheater, in denen es nichts mehr zu lachen gibt, und stieren in ihr halbstädtisches Fernsehprogramm, das ihnen, solange die Röhre flimmert, die Illusion vermittelt, daß die Mauer noch steht. In der Boulevardpresse kommen sie nur noch als schillernde Fossile vor, als Harald Juhnkes, Lotti Hubers und Walter Mompers. In der Hoffnung, das Schlimmste sei noch abzuwenden, versucht der Berliner Westen, es den Ostlern in jedem Falle recht zu machen. Die Schließung des Schillertheaters, des Renommierobjekts subventionierter Bürgerlichkeit, war ein Akt vorauseilenden Gehorsams und nur der Anfang vom Ende – dem Vollzug des Einigungsvertrages am Westler.

Die Ostler werden nicht ruhen, bis alle Erniedrigungen, die sie seit der Wiedervereinigung über sich ergehen lassen mußten, am Westen nachgeholt sind. Es geht voran: Gemessen an der Kaufkraft, hat Ostberlin das Saarland bereits überflügelt. In der Trabantenstadt Marzahn liegt das Haushaltseinkommen höher als im feinen Zehlendorf. Denn in Marzahn verdienen in der Familie noch zwei – wenn auch nur Arbeitslosengeld. Schon herrscht in beiden Stadthälften dieselbe Arbeitslosigkeit, und die ist höher als im Speckgürtel südlich der deutschen Hauptstadt, wo die OMs ihre Datschen und Wassergrundstücke haben. In Westberlin können sich viele Unternehmen nicht halten; große, seit langem dort ansässige Firmen fliehen in die Masuren oder nach Südkorea. «Es geht um die nackte Notwehr des Reichtums gegen die Armut; das ist die Situation» (Heiner Müller). Das Handgemenge, scheint's, ist vorerst entschieden, die Armut setzt sich durch.

Die letzte Chance, die Ossifizierung aufzuhalten, war Olympia 2000. Die OMs hätten gern mitgewirkt. Wären sie national gefordert gewesen, hätten sie auch ihr Beleidigtsein hintangestellt. Als der pestgelbe Teddy im Rinnstein verröchelte, ging es mit der Ossifizierung gleich noch rascher voran. Noch einmal bäumte sich der Westen auf, als es schier um gar nichts ging: Die Echsen und Schlangen aus dem Tierpark Friedrichsfelde sollten partout in den Zoo, weil es doch auch für sie im Westen am schönsten sei. Aber wo es für Ostberliner Echsen und Schlangen am schönsten ist, das bestimmen sie ganz allein, und so blieben sie, wo sie sind. Seitdem herrscht gespannte Ruhe in Berlin: Mal sehen, ob diese Westler es wagen, sich an unserer Wilhelm-Pieck-Straße, an unserem Wilhelm Pieck zu vergreifen...

Befangen meiden die Westberliner den Osten. Nur der Regierende Bürgermeister muß jeden Morgen dort antanzen. Ab und an veranstalten Zehlendorfer Schulklassen Exkursionen nach Pankow oder Köpenick und schreiben anschließend Aufsätze über diesen Ausflug in prähistorisches Gebiet. Lediglich Türken kommen freibestimmt in größeren Gruppen und mischen den Alex auf. Die Westberliner haben den Ostberlinern nichts mehr zu erklären, schon gar nicht die Demokratie. Denn Demokratie ist jetzt für die Westler das, was sie vierzig Jahre lang für die DDR-Bürger war: ein Hilfsmechanismus zur Verwaltung des Mangels.

Bei nächster Wahlgelegenheit werden die Ostler allen, die sie zu historischen Verlierern degradieren wollten, zeigen, wer den kalten Krieg nun wirklich gewonnen hat, das haben sie sich fest vorgenommen. Für die Kameraden aus dem Westen, die von den Altparteien als Spitzenkandidaten aufgestellt werden, haben sie nur Hohn und Spott. Langsam kehrt in die Ostler der Humor zurück und das Wangenrot. «Der Fuchs ist schlau und stellt sich dumm – beim Wessi ist es andersrum», krähen die Kids auf dem Schulhof im Scheunenviertel.

«Wessi, fürchte dich nicht!» hat einer an eine morbide Hauswand in Ostberlin geschrieben. Da ist er doch, der Witz des Volkes vom Herbst 89, den sich die Bürgerrechtler innig zurückgewünscht haben.

Und die OMs, was machen dabei die OMs? Sie haben viel erreicht. Die Zeiten der schlimmsten Überlebensängste sind vorbei. Vielleicht ist man noch nicht ganz wieder wer. Aber man ist auch nicht mehr ganz und gar nichts. Noch ist man nicht wieder oben. Aber bald, wenn die Regierung nach Berlin kommt. Da verkürzen sich für alle die Wege. Dafür lohnt es zu warten.

Horst Ehmke

Mittendrin

Von der Großen Koalition zur Deutschen Einheit

448 Seiten. Gebunden

Es war die Zeit des «Machtwechsels» von der Großen Koalition zur sozialliberalen Ära unter Willy Brandt und Walter Scheel, als der Freiburger Professor für Staatsrecht Horst Ehmke in das Kabinett eintrat. In seinen Erinnerungen schildert er die dramatischen Etappen dieses Umbruchs: den Abschied von der Adenauer-Zeit, die heftigen Debatten um die Verjährung von Naziverbrechen, die Anfänge der APO, die Auseinandersetzungen um Vietnamkrieg und Notstandsgesetzgebung; dann die Reformpolitik unter Brandt – «mehr Demokratie wagen» – und die Ostpolitik, an deren Durchsetzung er maßgeblich beteiligt war. Nach Brandts Rücktritt widmete sich Ehmke als stellvertretender Fraktionsvorsitzender und außenpolitischer Sprecher der Fraktion vor allem der Fortsetzung der Entspannungspolitik.

Das Buch zeichnet ein Vierteljahrhundert Bonner Politik nach. Der Autor hat sie von innen erlebt und an entscheidenden Punkten mit gestaltet. Er war Staatssekretär und mehrfach Minister, ein großer Debattenredner und ein Stratege im Machtspiel. Er galt als enger Vertrauter Willy Brandts, den er bewunderte, und er kannte wie kaum ein zweiter das spannungsreiche Verhältnis in der Troika Brandt, Schmidt, Wehner.

Das war die DDR
Eine Geschichte des anderen Deutschland

Herausgegeben von Wolfgang Kenntemich, Manfred Durniok und Thomas Karlauf

256 Seiten, 170 Abbildungen, Broschur

Im Oktober 1993, drei Jahre nach der deutschen Vereinigung, unternahm die ARD in einer siebenteiligen Dokumentation erstmals den Versuch, die Geschichte der DDR umfassend darzustellen. Das Begleitbuch erzählt aus der Perspektive der Betroffenen: Wie lebte man als Bürger dieses Staates, welche Hoffnungen und Wünsche, welche Sorgen und Nöte prägten den Alltag? In eigens für diese Dokumentation geführten Interviews kommen die einst Mächtigen ebenso zu Wort wie die, die sie verfolgten. In den hier zum Teil erstmals publizierten Fotografien verdichten sich Glanz und Elend des anderen Deutschland.

Was war die DDR? So viele Fragen, so viele Antworten. Eines aber scheint klar: Je langwieriger und mühsamer sich der Vereinigungsprozeß gestaltet, desto schwerer fällt vielen ein abschließendes Urteil. In dieser Hinsicht bietet das vorliegende Buch ein Stück historischer und politischer Aufklärung.

«Eine wichtige Hilfe gegen das Vergessen.»
Wolfgang Templin